言語と行為

いかにして言葉でものごとを行うか

J・L・オースティン
飯野勝己 訳

講談社学術文庫

目次

凡例

・本訳書の底本としては、第一版である J. L. Austin, *How to Do Things with Words*, The William James Lectures Delivered in Harvard University in 1955, edited by J. O. Urmson, Oxford: Clarendon Press, 1962 を用いた。

・その後、若干の誤記修正と変更・加筆が施された第二版 J. L. Austin, *How to Do Things with Words*, The William James Lectures Delivered at Harvard University in 1955, 2nd edition, edited by J. O. Urmson and Marina Sbisà, Oxford: Clarendon Press, 1975 が刊行された。これがいまのところの最新版である。こちらも合わせて参照し、あきらかな誤記・誤字修正のたぐいは特に断りなく採り入れるとともに、変更や加筆については訳注で言及・引用した。

・(1)、(2)……は原注、＊1、＊2……は訳注を示す。

・原文における強調には、イタリックによるもの、語の綴り全体を大文字にしたもの、頭文字だけ大文字にしたものの三種類がある。これらは、それぞれ傍点、ゴチック体の**太字**、明朝体の**太字**で表記した。

・原文のイタリックは強調以外にも、船名や書名を示したり、ことわざを示したり、ラテン語などに由来する成句類を示したりするのに使われている。第一と第二の用法については、それぞれ「　」(船名やことわざ)や『　』(書名など)で表し、第三の用法についてはカタカナのルビで原語を示した。

・原文での‘　’は「　」にし、他の括弧類（ほとんどが（　）、ごく稀に［　］）はすべて原文のとおりにした。また、（　）は原文・原語を挿入する場合にも用いた。

・〔　〕は訳者による補足もしくは言い換えである。

言語と行為

いかにして言葉でものごとを行うか

編者まえがき

ここに刊行される一連の講義は、オースティンによって一九五五年、ハーヴァード大学のウィリアム・ジェイムズ講義として行われたものである。ある短い覚書のなかでオースティンは、これらの講義の土台となる諸見解について、次のように言っている。すなわち、それらは「一九三九年に形成された。私はそれを『アリストテレス協会紀要』増補第二〇巻（一九四六年）の一七三頁以下に掲載された論文「他人の心」[*1]で活用し、そしてそのすぐあとから、いくつかの会合の機会を通して、この氷山をいくらかでも、より浮上させてみた……」。一九五二年から五四年にかけて、オースティンは「言葉と行い（Words and Deeds）」と題する講義を毎年オックスフォードで行った。そのためのノート群は毎年少しずつ書き直されていったが、それらはいずれもウィリアム・ジェイムズ講義とほぼ同じ内容をカバーするものだった。ウィリアム・ジェイムズ講義に際しては新たに一群のノートが用意されたが、あちこちに古いノートから切り取られた頁が挿入されていた。以後もそれらにもとづくオックスフォードでの講義「言葉と行い」は継続され、そのなかでちょっとした修正やいくつもの書き込みが追加されたが、しかしこのウィリアム・ジェイムズ講義のものが結局、オースティンがこのトピックに関して遺した最後のノート群になったのである。

本書は、これらの講義の内容をできるだけ正確かつ最小限の編集で再現したものとして、ここに刊行される。もしオースティン本人が著作として刊行したなら、間違いなく書物としてよりふさわしい形に書き直していたはずである。第Ⅱ講以降、毎回冒頭に登場する前回の内容の要約は、より切りつめたものにされたに違いない。また講義に際しては、当然のことながら、ノートに書かれた裸のテキストに大幅な肉づけが施されていたであろうことも同じく確実である。しかし、おそらくほとんどの読者は、著作として刊行したなら本人はこう判断したであろうとか、講義ではおそらくこう言ったのではないかといったことよりも、実際に彼が書き記したとわかっているテキストにできるだけ近いものを好むだろう。そしてそれゆえ、おそらく形式や文体のちょっとした不完全さや用語の不統一といった代償については、それほど嫌がらないでくれるだろう。

とはいえ、ここに刊行された諸講義は、オースティンが書いたノートをそのまま正確に再現したものではない。というのも、各回の講義の大部分、とりわけ最初のほうについては、ノートはとても充実していて、書き方も小詞や冠詞のちょっとした省略を除けば、きちんとした文で書かれているが、各講の終わりに近づくにつれて書きぶりは断片的になり、欄外の書き込みもしばしばかなりの略記になっているからである。そのような部分については、前述した一九五二―五四年のノートのうち現存しているものと照らし合わせながら、解釈したり補足したりした。さらなるチェックは、アメリカとイギリスで講義を受講した人たちがとったノート、BBC放送での講義「遂行的発話」[*2]、一九五九年一〇月にゴセンバーグ[*3]で行われた講演「遂行体」のテープ録音といった諸資料と比較することで可能になった。これらの資料がどのように助けになったかについては、補遺でより包括的にまとめてある。このような解釈作業の過程で、オースティンなら拒んだであろうような文がテキストに偶然忍び入っているかもしれないが、オースティンの思考のメインの線がどこかで誤表示されていることはまずないだろうと思っている。

編者は、ノートを貸してくれたり、テープ録音を提供してくれたりして助けてくれたすべての皆さんに感謝したい。最も詳細にテキスト全体を精査し、編者を数多くの間違いから救ってくれたG・J・ウォーノック氏*4には、とりわけ多くの恩義を受けている。氏の助けによって、読者はより質の高いテキストを手にすることができるのである。

J・O・アームソン*5

訳注

＊1　この論文は、オースティンの死後、彼の論文を集成して刊行されたJ. L. Austin, *Philosophical Papers*, edited by J. O. Urmson and G. J. Warnock, Oxford: Clarendon Press, 1961（J・O・アームソン＋G・J・ウォーノック編『オースティン哲学論文集』坂本百大監訳、勁草書房（双書プロブレーマタ）、一九九一年）に収録された。

＊2　一九五六年に行われた放送講義。これも活字化され、前注で掲げた論文集に収録されている（邦題

「行為遂行的発言」)。

＊3　スウェーデンの都市で、現地名はヨーテボリ。

＊4　イギリスの哲学者(一九二三―九五年)で、オックスフォード大学の副総長などを務めた。オースティンに代表される、いわゆる「オックスフォード日常言語学派」の一員。邦訳に、G・J・ワーノック『現代のイギリス哲学――ムーア・ウィトゲンシュタイン・オースティン』坂本百大・宮下治子訳、勁草書房(双書プロブレーマタ)、一九八三年がある。また、オースティン関係では、訳注＊1で掲げた論文集の編集を本書の編者アームソンとともに務め、また本書と同様にオースティンの講義ノートをもとにした知覚論 J. L. Austin, *Sense and Sensibilia*, Reconstructed from the Manuscript Notes by G. J. Warnock, Oxford: Clarendon Press, 1962(J・L・オースティン『知覚の言語――センスとセンシビリア』丹治信春・守屋唱進訳、勁草書房(双書プロブレーマタ)、一九八四年)の編集も行った。

＊5　イギリスの哲学者(一九一五―二〇一二年)で、オックスフォード大学のチューター、アメリカのスタンフォード大学教授などを務めた。ウォーノックと同様、日常言語学派に名を連ねるが、ギリシア哲学研究にも注力し、邦訳に、J・O・アームソン『アリストテレス倫理学入門』雨宮健訳、岩波書店(岩波現代文庫)、二〇〇四年がある。また、本書や論文集(訳注＊1参照)の編集を通して、オースティンの哲学を後世に伝える上で大きな役割を果たした。

第Ⅰ講〔遂行体と確認体*1〕

　これからここで述べなければならないことは、難しいことでも論争的なことでもない。それについて私が要求したいと思う唯一のとりえは、少なくとも部分的には真であるということに尽きる。論じられる現象はとても広範かつ明白に見られるものであり、他の人びとによって、少なくとも散発的には、すでに気づかれていないはずはない。しかしながら、私はそれについてはっきりと注意が払われているのを、まだ見たことがないのである。

　長すぎるくらいのあいだにわたって哲学者たちは、「言明（statement）」の役割は何らかの事態を「記述」すること、もしくは「何らかの事実を言明する」ことでしかありえず、それは真または偽という仕方でなされなければならない、と想定してきた。なるほど、文法学者たちは、すべての「文」が言明である（言明を行うために使用される(1)）わけではないことをかねてから指摘してきたし、伝統的には（文法学者たちが言う）言明文のほかに、疑問文もあれば感嘆文もあり、さらには指令や希望や譲歩を表現する文もあるとされてきた。哲学者たちは「文」を「言明」のいみで使うある程度ゆるい用語法を用いてはいたものの、これらの事実を否定するつもりなど疑いなくなかった。同様に疑いなく、文法学者たちも哲学者たちも、疑問や指令やその他のものを、語順や叙法などといった数も少なく貧弱な文法的目印によって、言明から区別することなどそう簡単ではない、とかねてから気づいていた。しかしながらことによると、こうした事実があきらかに提起する難点についてよくよく考えてみることは、あまりなされてこなかったのである。というのも、何がどれであるかを、私たちはどのように決めるのか？　それぞれの境界や定義は、どのようなものなのか？

しかし、ここ最近になって、かつて哲学者も文法学者も問題なく「言明」として受け取ってきた多くのものが、新たなまなざしのもとで吟味されるようになってきている。この点の吟味は――少なくとも哲学においては――いくぶんかのまわり道を経て、立ち現れてきた。最初に登場したのは、ときに不幸な独断的態度とともに表現された見解で、すなわち（事実の）言明は「検証可能」でなければならない、というものであった。そして、これは多くの「言明」がじつは疑似言明と言いうるようなものにすぎない、という見解につながっていった。最初に、そして最も人目を引いたのは、多くの言明が、申しぶんなく文法的形式を満たしているにもかかわらず、まったくのナンセンスであると示されたことである。〔ちなみに〕このことを初めて体系的に論じたのは、あるいはカントであったかもしれない。[*2]　その後も引き続き、新たなタイプの各種のナンセンスが発見されていく。それらについてなされた分類は体系的ではなかったし、与えられた説明も非常にしばしば謎めいたものにとどまったが、こうした発見は全体としては良好と言うほかない成果であった。しかしながら私たち、すなわち哲学者であっても、自分たちが語っていると認める構えをもつナンセンスの量には一定の限度を設けるものだ。そこで、自然ななりゆきとして、疑似言明に見える多くのものがそもそも本当に「言明」であるようにと企てられているものなのか、という第二段階の問いが出てきたのである。そういうわけで、言明のように見える多くの発話は、事実についてのストレートな情報を記録または伝達するようにはまったく意図されていないか、あるいは部分的に意図されているだけのものなのだ、と広く考えられるようになった。たとえば「倫理的命題」は、全面的にしろ部分的にしろ、特有の仕方で情動を示したり、行いについての指令を出したり、行いに影響を及ぼしたりするように意図されたものかもしれない、といったように。ここでもカントはパイオニアの一人であった。[*3] 私たちはまた、非常にしばしば、少なくとも伝統的文法が定める範囲を超えて発話を用いることがある。いまでは知られているように、一見記述的に見える言明のなかには、たくさんのひどくまぎらわしい言葉が埋め込まれていて、それらは報告される現実のなかに特別変わったさらなる特徴があることを示すのに役立つのではなく、むしろその言明がどんな状況で行われ、どんな制限に服し、どんなふうに受け取られるべきか等々を（報告するのではなく）示すのである。[*4] かつてはふつうのことだった、これらの可能性を見過ごす姿勢は、「記述的」誤謬と呼ばれる。しかし、あるいは、これはよい命名ではないかもしれない。なぜなら、「記述的」というのは特定度が高いからだ。真または偽になる言明がすべて記述だとは言えないのだから、私は「確認的（Constative）」という言葉[*5]を使うのを好む。こうした線に沿って、いまや以下のようなことがだんだんと明白にされ、あるいは少なくともありそうなこととして受け取られるようになった。すなわち、多くの伝統的な哲学的困惑は一つの間違いから生じた、という見方である――その間違いとは、すなわち（文法的というのとは違う、ある興味深い仕方での）ナンセンスな発話や、あるいはまったく事実言明ではないものとして意図されている発話を、ストレートな事実言明として受け取ってしまう、という間違いである。

このような見解や提案のうち特定のどれかについてどう考えようと、哲学の理論や方法がはまり込んできた当初の混乱についてどれほど嘆こうと、ともかくそれらが哲学における一つの革命を生み出しつつあることは疑いない。もしも誰かがこれを哲学の歴史における最も偉大で有益な革命と呼びたがったとしても、ことのありようを考えるなら、けっして大げさな要求ではない。はじまりが場当たり的かつ先入見《パルティ・プリイ》に満ちていて、的外れな目的が設定されていたことに驚く必要はない。そういうことは、革命にはつきものなのだから。

遂行体の準備的な分離[2]

ここで私たちが考察していく発話のタイプはもちろん、一般にはナンセンスに属するものではない。ただし、のちほど見るように、それが誤用された場合には、いくぶん特別な種類の「ナンセンス」を生み出すことはあるのだが。以下で考察するのは、むしろ私たちの分類における第二のグループ〔すなわち、ナンセンスではなく疑似言明〕の一つ――すなわち、仮装言明である。それは、かならず記述的、もしくは確認的な事実言明を仮装しているというわけではない。とはいえ、たいていは仮装していて、しかも奇妙なことに、それが最も明示的な形式をまとうときにそうするのである。私が信じるところでは、文法学者はこの「変装」を見抜いたことはなかったし、哲学者たちもせいぜいことのついでにたまたま気づいたにすぎない。(3) そこで、簡便なやり方として、まずはこのミスリーディングな〔明示的〕形式を取り上げて研究し、それが装っている事実言明と比較して、その特徴を際立たせてみることにしよう。

最初の事例として、次のようないくつかの発話を取り上げよう。まずそれらは、これまでのところ認定された文法的カテゴリーとしては「言明」以外のいかなる領域にも属しえない。そして、ナンセンスではなく、これまで哲学者たちが探査してきた、もしくは探査してきたつもりの言語的危険信号（「よい」、「すべての」のような奇妙な言葉、「べき」、「できる」のような怪しい助動詞、仮言的などの疑わしい構文）も含んでいない。すべてが折よく一人称・単数・現在形・直説法・能動態のごく平凡な動詞を含んでいる。(4) これらの条件を満たしつつも以下のような特徴をもつ、一群の発話が見出されうる。

A　それらはまったく何も「記述する」または「報告する」または確認するものではなく、「真または偽」にならない。そして、

B　その文を発話することは、全面的もしくは部分的に一つの行為を行うことであり、通常は何かを言うこととして記述されることはない。*6

これはパラドクシカルに響くかもしれないし、私はあざとくもそう響くような言い方をしてみたのだが、それとは程遠いものである。実際、これから見る事例は、がっかりするような〔平凡な〕ものだ。

事例：

（例*a*）「誓います（I do）（すなわち、この女性を合法的に婚姻した私の妻とする）」――結婚式の一連の流れのなかで発話されたものとして[5]。

（例*b*）「私はこの船を「クイーン・エリザベス号」と命名する（I name this ship the *Queen Elizabeth*）」――船首に瓶を叩きつけながら発話されたものとして。

（例*c*）「私は時計を弟に遺贈する（I give and bequeath my watch to my brother）」――遺言書に書かれたものとして。

（例*d*）「私はあなたにたいして、明日雨になるほうに六ペンスを賭ける（I bet you sixpence it will rain tomorrow）」

これらの事例で、当の文を（もちろん適切な状況で）発話することは、あきらかに、そう発話することにおいて行っていると言われるであろうことを〔現に〕私が行っているという記述ではないと思われるし[6]、それを行っているという言明でもないと思われる。それは〔まさに〕当の行為を行うことなのだ。例示したどの発話も真や偽にならない。私はこれを明白なことと断言し、それを論証することはしない。「クソッ（damn）」が真や偽にならないのと同じように、論証など必要ないのである。発話は「聞き手への情報提供の役割を果たす」かもしれない——しかし、それはまったく別の話だ。船を命名することは、（適切な状況で）「私は命名する云々」という言葉を発することである。登録官や祭壇などを前にして私が「誓います」と言うとき、私は結婚について報告しているのではなく、結婚に身を投じているのである。

こういうタイプの文もしくは発話を何と呼んだらよいだろうか。[7] 私は遂行文（*performative sentence*）あるいは遂行的発話（performative utterance）、もしくはそれをつづめて「遂行体（performative）」と呼ぶことを提案する。「遂行的」という用語は、「命令法（imperative）」という用語と同じように、同系統のいろいろな仕方で、そしていろいろな構文のなかで使うことができる。[8]*7 もちろん、この名前は名詞「行為（action）」にともなう日常的な動詞「遂行する（perform）」に由来するもので、その発話を発することが行為の遂行であること——通常はたんに何かを言うだけとはみなされないこと——を示唆している。

遂行体の領域〔全体〕のあちこちを広狭さまざまにうまくカバーするものでよければ、ほかにもたくさんの用語が浮かんでくるだろう。たとえば、多くの遂行体が契約的（*contractual*）発話（「私は賭ける」）だったり、宣言的（*declaratory*）発話（「私は宣戦布告する」）だったりする。しかし、私の知るかぎり、現行のいかなる用語も全体を十分広くカバーするには足りない。私たちの必要に最も近い専門用語を挙げるなら、あるいは「発効的

（operative）」がそれになるかもしれない。特にこの語が法律家によって厳密に用いられる場合がそうであり、その場合この語は、主たる目的である取引（譲渡やら何やら）に効力を与える証書のなかの当該部分、すなわち文章の条項を指す。文書の残りの部分は取引が効力を発揮すべき状況をたんに「説明する」だけ、というわけである。[9] しかし、'operative' には違う意味もあって、確かに昨今、それはしばしば「重要な」と大差のない使い方をされる。[*8] 私は〔それよりも〕目新しい用語を好む。語源との関わりは残るとしても、先入見に由来する意味がつきまとうおそれが少なくなるかもしれないからである。

言うことは行うことでありうるのか

すると、私たちはこんなふうに言うことになるのだろうか？

「結婚するとは、二、三の言葉を言うことである」、あるいは

「賭けるとは、たんに何かを言うことである」。

このような理論は一見、奇妙で軽薄にすら響くかもしれないが、十分な予防措置を施せば、何ら奇妙なものではなくなるかもしれない。

　これにたいして即座に思い浮かぶ一つの健全な反論は次のようなものかもしれず、それは一定の重要性をもつ。すなわち、非常に多くのケースにおいて、書き言葉なり話し言葉なり

の発話によるのではない何か別の仕方で、まったく同じ種類の行為を遂行できるではないか。たとえば、ある土地では同棲することによって結婚が成立するかもしれないし、トータリゼータ・マシン[*9]のスロットにコインを入れることによって賭けをすることができるかもしれない。とすると、あるいは先の命題を改変して、こう言うべきなのかもしれない、「特定の二、三の言葉を言うことは、結婚することである」、「一部のケースにおいて、結婚するとは、たんに二、三の言葉を言うことである」、「特定の何かをたんに言うことは、賭けることである」と[*10]。

しかし、このような所見が危険に響く本当の理由は、おそらくもう一つの明白な事実にある。その事実にはあとでより詳細に立ち戻らなければならないが、まずは以下のようなものだ。確かに、ふつう言葉を発することは（賭けをするなり何なりの）行為遂行における一つの主導的出来事であり、それどころかまさにその主導的出来事ですらある。そして、その行為を行うことは、言葉を発する目的でもある。しかし、では言葉を発することが当の行為が遂行されたとみなされるために必要とされるただ一つのことかといえば、仮にそういうことがあるとしても、ごくごく稀である。一般的に言って、言葉が発話される諸状況が、ある仕方で、あるいは複数の仕方で適切であることがいつでも必要であり、話し手自身や他の人びとが一定の他の行為を行うことも非常にしばしば必要である。その、他の行為とは、「物理的」であることも「心理的」であることもあり、さらなる言葉を発する行為であることさえある。たとえば、船の命名にとっては私が命名者として指名された人物でなければならないことが、（キリスト教での）結婚にとっては私がすでに結婚していて、存命で正気で離婚していない妻がいたり等々であってはならないことが、本質的なことになる。申し出にたいして相手が応じてくれること（「よし（Done）」と言うなど、何かがなされなければならない）が賭けの成立のためには通常必要だし、私が「君にそれをあげるよ」と言っていながら、ちっとも渡さないとしたら、それは贈与とは言いがたい。

ここまでは申しぶんない。行為は遂行的発話による以外の仕方でも遂行できるし、またいずれにせよ他の行為も含む状況が適切でなければならない。しかし、私たちは反論するに際して、これらとはまったく異なる、しかもこの場合、ひどく間違ったことがらを心に抱いていることがあり、それはとりわけ「私は……すると約束する（I promise to...）」のような、よりおそれ多いたぐいの遂行体について考えている場合にそうなのである。当然ながら言葉は「真剣に」語られるべきであり、「真剣に」受け取ってもらえるように語られるべきなのではないか？　漠然とはしているが、これは一般にはおおむね真実である——どんな発話についても、その目的を論じるなら、平凡だが重要になってくることだ。たとえば、私は冗談を言っていたり、詩を書いていたりするのであってはならない。しかし、私たちは発話の真剣さなるものについて、以下のような感じをついもちがちである。すなわち、発話が真剣であるということは、それがある内面的で精神的な行為の（たんなる）外面的で知覚可能な記号として発話されるということにほかならない、つまり発話は何かの便宜やその他、記録や情報提供のための記号なのだ、と。こんなふうに感じてしまうと、内面的行為の生起をあれこれの目的のために真または偽という仕方で記述するのが外面的発話である、という思い込みや想定に無意識のうちに至るまで、あとほんの一歩である。このような考えの古典的な表現は『ヒッポリュトス』[*11]（六一二行）に見出される。そこでヒッポリュトスは言う、

　舌は誓ったが、心は誓いに縛られてはおらぬ。[*12]

すなわち、「私の舌はそう誓ったが、心情（あるいは心、もしくはその他、舞台裏の演者）は誓っていない[(10)]」。かくして「私は……すると約束する」は、私に義務を負わせる——私が精神的な足かせを精神的に引き受けたことを記録する、とされるのである。

　いきすぎた深遠さ、あるいはむしろ厳粛さというものが、すぐさま不道徳さ[*13]への道を開くありさまをまさに示すこうした事例を観察するのは、喜ばしいことだ。「約束とは、たんに言葉を発するだけのことではない！　内面的で精神的な行為なのだ！」と言う人は、表層だけでことを説明しようとする理論家が生まれる道に立ちはだかる堅固なモラリストであるかのように見える。私たちに見える彼の姿は、彼自身に見える彼の姿と同じで、独自の《スイ・ゲネリス》専門家として際立ちつつ、倫理空間の見えない深淵を探っている。ところが、彼はヒッポリュトスに逃げ道を与え、重婚者に「誓います」への弁解を与え、賭けを踏み倒す者に「私は賭ける」への抗弁を与えてしまう。正確さと道徳性はともに、われらの言葉はわれらの証文なり（*our word is our bond*）という平明なことわざの側にこそあるのだ。

このような内面的行為というフィクションは締め出すとして、では次のように想定できるものだろうか。内面的行為とは別の何かがあって、それは「私は……ことを約束する（I promise that...）」や「（この女性を……すると）誓います」といった発話に通常ならともなうことが確かに要求され、実際それらの発話によって記述され、そしてその何かは結果的に、それらの存在が発話を真にし、不在が発話を偽にするのだ、と。まず後者の点から取り上げることにして、通常ともなうもののどれかが不在である場合、当の発話について私たちが実際に何と言うのかを考えてみよう。発話は偽だったと言うことはけっしてなく、むしろ発話は——というより行為は[11]、たとえば約束は——空虚（void）だった、あるいは信義を欠くものだった、履行されなかった、等々と言うのである。約束という特定のケースを取り上げれば、他の多くの遂行体と同様に、約束を発話する人物が一定の意図、すなわち自分の言葉を違《たが》えまいとする意図をもつことが適切である。そして、すべての付随物のなかで、あるいはこれこそが「私は約束する」が記述もしくは記録するものとして最もふさわしく見えるかもしれない。実際、そのような意図が不在の場合、私たちは「偽りの（false）」約束という言い方をするのではないだろうか。それでも、これは「私は……と約束する」という発話が偽（false）であるということではない。約束すると言明したのに約束しないとか、記述したけれども間違った記述だった——間違った報告だった——といういみで偽であるのとは違うのである。なぜなら、約束は行われているからだ。ここでの約束は、確かに信義を欠くものではあるが、空虚ですらない。彼の発話は人を惑わすものかもしれないし、ほぼ騙《だま》しと言ってよく、疑いなく不正なものだが、しかし嘘や誤った言明ではない。私たちが何とか言えるかもしれないのは、それが虚偽もしくは（彼が何かをすることを意図しているという趣旨の）誤った言明を含意する、もしくはほのめかす、といったくらいのことまでだが、しかしそれはまったく別の話である。さらに言えば、私たちは偽の賭けや偽の命名という言い方もしない。私たちはときに偽りの約束という言い方をするが、これは偽りの動き（false move）[*14]という言い方と同様、それほど危険なわけではない。〔このように〕「偽の」は、かならずしも言明だけに用いられるわけではないのである。

原注

（1）文がまさに言明であるというのは、もちろん本当は正しくない。むしろ、文は言明を行うことにおいて使用されるのであり、そして言明それ自体は言明を行うことから出てくる「論理的構成物」なのである。

（2）以下の諸節で述べられるすべては、あくまでも暫定的なことであり、いずれ後続の議論で見直されていくことになる。

（3）すべての人びとのなかで法学者こそが、ことの正しいありように気づくはずだし、あるいは一部の法学者はいま現在、実際に気づいているかもしれない。にもかかわらず、彼らは自分たちの臆病なフィクション、すなわち「法」の言明は事実の言明であるというフィクションに屈することだろう。

（4）ここには目論見がなくもない。これら〔の条件のもとに示される事例〕はすべて「明示的」遂行体であり、本書でのちに「行使型」と呼ぶことになる重要なグループに属するものである。

(5) [「誓います」という表現は結婚式では使われないことにオースティンは気づいたが、間違いを訂正する時間が彼にはなかった。この間違いは哲学的には重要なものではないので、テキストのなかではそのままにすることにした。J・O・U]〔訳注：「J・O・U」は編者アームソンのイニシャル。以下、原注のなかで[ ]に入っているものは編者による注である。「J・O・U」のイニシャルについては、入っていないものもあれば、ダッシュ付きのものもあるなど、表記にぶれがあるが、本訳ではすべてそのままのスタイルにしておいた〕

(6) 私がすでに行ったことやこれから行うことの記述でないのは、なおさらである。

(7) 「文」は「発話」の集合をつくる。私の関心のかぎりでは、その集合は文法的に定義されるべきものだが、そのような定義がこれまで十分に与えられてきたかどうかは疑わしい。遂行的発話には、事例としても本質的にも、「確認的」発話が対置される。確認的発話を発すること（すなわち、それを歴史的〔事実への〕指示とともに発すること）は、言明を行うことである。遂行的発話を発することは、たとえば賭けを行うことである。しばらく先〔第Ⅷ講〕に出てくる「発語内行為」を参照されたい。

(8) 以前、私は「実行的（performatory）」を使っていた。しかし、「遂行的（performative）」のほうが簡潔で不格好でなく、扱いやすくて形のうえでもより伝統にかなっているものとして好ましいだろう。

(9) この情報は、H・L・A・ハート教授にご教示いただいたものである〔訳注：ハートは、英国の法哲学者（一九〇七—九二年）で、オックスフォード大学法理学教授、同大ブレイズノーズ・カレッジ学長などを歴任。著書に『法の概念〔第3版〕』長谷部恭男訳、筑摩書房（ちくま学芸文庫）、二〇一四年などがある。第二次大戦終結後から一九五二年まではオックスフォードで哲学のチューターを務めるなどしてオースティンらとも密接な交流をもち、互いに影響を与え合う間柄だった〕。

(10) とはいえ、私はここで舞台裏のすべての人びと——照明マンやステージマネージャー、そしてプロンプターでさえ――を排除するつもりはない。私はただ、〔訳注：第二版では、ここに「芝居を二重にしようとする」という語句が挿入されている〕ある種のおせっかいな代役に異を唱えているだけである。

(11)〔ここでは〕まさに論点ではないという理由により、発話と行為を区別することは避けることにしよう〔訳注：第二版では、この文は次のように変更されている。「……発話と行為を区別することは故意に避ける」〕。

訳注

＊1　本訳の底本である第一版では章タイトルとしてはただ「第Ⅰ講」、「第Ⅱ講」……とあるだけだが、第二版では内容を反映したタイトルが加えられている。第一版のシンプルさも捨てがたいが、内容把握の助けにもなるので、第二版での章タイトルを〔　〕に入れて掲げることにした。

＊2　これはおそらく、『純粋理性批判』の「超越論的弁証論」でくわしく論じられている「超越論的仮象」のくだりを指す。カントによれば、理性はその本務たる「統制的使用」をしばしば超え出て「構成的使用」に走り、心理学的（「魂は単純で分割できない実体である」などの誤謬推理）、宇宙論的（「世界は時空的に有限である」vs.「無限である」などのアンチノミー）、神学的（「最高存在者たる神が実在する」などの理想）といった仮象を生み出す。これらは「現実的な事物にかんする概念」（『純粋理性批判』熊野純彦訳、作品社、二〇一二年、六三九頁）として主張された場合はナンセンスになるほかないが、けっして恣意的なものではなく、むしろ「理性そのものの本性によって課されたもの」（同書、三六七頁）だとされる。

＊3　一方、カントは『実践理性批判』の「純粋実践理性の弁証論」で「実践理性の要請」について語っている。魂の不死、自由、神の現存在から成るこの要請は「理論的なドグマではなく、必然的に実践的な観点からする諸前提にほかならない」（『実践理性批判　倫理の形而上学の基礎づけ』熊野純彦訳、作品社、

二〇一三年、三一四頁。強調は原文)。ここには確かに、たとえば「行為は自由意志によってなされうる」といった倫理に関わる発話は事実言明ではなく、「行為をそのようなものとしてみなしなさい」といった指令的な発話である、といった見方に通じるものがある。

*4 これはつまり、本書全体を通して追究されていく「遂行的動詞」や「発語内動詞」等を指している。

*5 constate という動詞は（少なくとも一般的な）英語の辞書には載っていない。一方、フランス語の constater はふつうに辞書に載っている動詞であり、「確認する」や「記載する」といった語義が挙げられ、英語で対応するのは ascertain 等だとされている（『クラウン仏和辞典』第六版、三省堂）。おそらくオースティンの念頭にはこのフランス語動詞もあっただろうという推測も込めつつ、constative の訳語には「確認的」をあてることにする。

*6 第二版では、ここに「、もしくは言う「だけ」のこととして」という語句が追加されている。

*7 performative は、形容詞として使われるときは「遂行的」、performative utterance を略した名詞として使われるときは「遂行体」という訳語をあてることにする。オースティンがここで一般には「命令法」や「命令文」と訳される imperative と並置していることからすれば、名詞としては「遂行法」や「遂行文」をあてるのが整合的かもしれないが、performative は基本的に発話であって文と同一のものではなく、また文法形式としての意味合いを強くもつ「法」という語は、以下の議論（performative の文法的規定をオースティンはどんどん熔解させていく）からすると、やはり違う。そこで「それ自体において行為の遂行を体現する発話」というイメージで、「遂行体」という造語を提案したい（ちなみに、ロラン・バルト『物語の構造分析』（花輪光訳、みすず書房、一九七九年）では、performatif に「遂行態」という訳語があてられている）。performative に対置される constative も、同様に「確認的」あるいは「確認体」とする。

*8 確かに、辞書を見ると operative には法律用語としての「実効的」といった意味と並んで「〈句・文中の語が〉最も肝要な、適切な意味を表す」という意味も載せられている。たとえば、the operative word は

（「実効的な語」ではなく）「主要語」となる（『研究社新英和大辞典』第六版）。

＊9　「競馬賭け率計算機」とも訳される、馬券の発売や掛け金の集計、払戻金の計算などをする装置のこと。

＊10　どういう「改変」なのかわかりにくいかもしれないので、念のため確認すると、「結婚するとは、二、三の言葉を言うことである」は言葉を言う以外の結婚の仕方を排除するのにたいして、「特定の二、三の言葉を言うことは、結婚することである」はそうではない、ということだろう。賭けの事例も同様。

＊11　古代ギリシアの三大悲劇詩人の一人エウリピデス（前四八五—四〇六年）の作品で、前四二八年に上演。アテナイ王テセウスの息子ヒッポリュトスと、彼に不義の恋心を抱くテセウスの後妻パイドラをめぐる物語で、引用の台詞はパイドラの乳母から彼女の想いを伝えられたヒッポリュトスが発するもの。他言しないと誓って話を聞いたものの、義母からの不義の愛を知るとヒッポリュトスは怒り狂い、皆に知らせてやると言い出して、以下の台詞となる（しかし結局、彼は誰にも暴露することなく死んでいく）。

＊12　エウリピデス『ヒッポリュトス』松平千秋訳、松平千秋編『エウリピデス』、『世界古典文学全集』第九巻、筑摩書房、一九六五年、九四頁。

＊13　第一版ではimmodality（非様式性？）となっている語が、第二版ではimmoralityに訂正されている。話の通り具合から、第二版の訂正に従う。

＊14　「誤った行動」、「不正な動作」、「禁止された行い（を行うこと）」など、さまざまに訳せる言葉。「偽りの動き」は不自然な訳だが、他の例と揃える必要上、このようにした。

第II講〔適切な遂行体のための諸条件〕

思い起こしていただけると思うが、私たちが考察しなければならないのは、何かを言うことが何かを行うことであるような、あるいは何かを言うことによって（*by*）、あるいは言うことにおいて（*in*）何かを行っていることになるような、いくつかの（天に願わくば、いくつかだけでありますように！）ケースやいみについてであった。このトピックに、哲学における古めかしい想定に疑いを提起しようとする最近の動きにおける一つの――他にもたくさんあるが――展開である。何かを言うことは、少なくとも考慮に値するものならすべて、すなわち〔実際に〕考慮されるものはすべて、いつでもたんに何かを言明することである、というのがここで疑われる想定だ。この想定は疑いなく無意識のものであり、疑いなく誤り[*1]なのだが、しかし哲学においては、見たところまったく自然なものなのである。私たちは歩けるようになる前に、走ることを学ばねばならない。[*2] もしまったく間違いを犯さないなら、どうやって間違いを正せばいいのか？

　私は事例を使って、実行的もしくは遂行的として知られる種類のいくつかのシンプルな発話に皆さんの注意をうながすところから話を始めた。それらは表面的には「言明」の見た目を――あるいは少なくとも文法的な体裁を――しているが、しかしよりくわしく調べてみると、「真」または「偽」になりうる発話ではないことが、きわめてはっきりしてくる。ところが、「真」または「偽」になることは、伝統的に言明を特徴づける目印である。事例の一つとして、たとえば結婚式の一連の流れのなかで発話される「誓います（この女性を合法的に婚姻した私の妻とする）」という発話があった。ここで私たちは、これらの言葉を言うことにおいて発話者は何ごとか――すなわち結婚――を行っているのであって、何ごとか、すなわち結婚しつつあることを報告しているのではない、と言うべきである。結婚するという行為は、たとえば賭けの行為と同様に、一定の言葉を言うこととして記述されることが（いまだ正確とは言えなくても）少なくとも好ましく、言うこととは別の内面的で精神的な行為として記述されたり、言葉はそのたんなる外面的で聴覚的な記号にすぎないとされたりするべきではない。このようなことを証明するなど、あるいは無理筋かもしれないが、しかし私は断言しなければならない、これは事実なのだと。

以下は人から教わったことだが、[*3]注目に値する話である。アメリカの証拠法では、第三者が言ったことの報告は、それが私たちの言う遂行的な種類の発話である場合には、証拠として採用されるそうである。なぜなら、その人が言ったことの報告だったら伝聞なので証拠にはならないが、そういう発話ならそれとは違い、その人が行ったこと、つまり行為の報告とみなされるからである。このことは、遂行体について私たちがもつ第一印象と、とてもよく調和する事実である。

さて、いまのところ私たちは、たんに偏見の堅い地盤が自分の足元から滑り去っていくのを感じているだけである。ここから、哲学者として、どのように進んでいくべきだろうか？一つ考えうるのは、もちろん全部を白紙に戻してしまうことであり、またもう一つには、論理的段階を踏んで泥沼にはまり込むことである。しかし、どちらにしても時間がかかってしまう。そこで、まずはせめて、通りすがり的ながらすでに触れたちょっとしたことがら――すなわち「適切な状況」なるもの――に注意をそそいでみよう。通りすがりに指摘したように、賭けをすることは、たんに「私は賭ける、云々」という言葉を発話するだけのことではない。誰かがきちんとそう言ったとしても、なお私たちは、彼が実際には賭けに成功していないとか、少なくとも完全には成功していない、とするかもしれない。このことに納得するには、たとえばレース終了後に賭けを表明してみるだけでよい。行為を適切に行ったと言いうるためには、遂行体と呼ばれる言葉を発話するほかに、かなりたくさんのことが、通例正しくなければならないし、また正しくなりゆかなくてはならないのである。それらがどのようなものかを見出すには、こうすればいいかもしれない。すなわち、何かがうまくいかなくて、その行為――結婚、賭け、遺贈、命名、等々――が少なくとも一定程度、失敗に帰すケースを観察して、タイプ分けしてみるのである。そうした場合、発話は確かに偽ではなく、一般に不適切だと言えるだろう。この理由から、私たちは、この種の発話に際して間違いになりうることがら、もしくは首尾よく運ばなくなりうることがらについての理論を、**不適切さの理論**（the doctrine of the *Infelicities*）と呼ぶ。

そこで、以下のように試みるのはどうだろうか。まず、ある遂行体（もしくは少なくとも、ここまでもっぱら取り上げてきたような高度に発達した明示的な遂行体）[*4]が円滑に、あるいは「適切に」機能するために必要なことがらの少なくともいくつかを図式的に——私はけっしてこの図式を最終的なものだと言い張りたいとは思わないが——述べてみる。そして、次に不適切さとそれがもたらす影響の事例を挙げてみるのである。私はおそれるのと同時にもちろん望んでもいるのだが、満たされるべきこれらの必要条件は、皆さんに、わかりきったものという印象を与えることだろう。

（A.1）一定の慣習的効果をもつ、受け入れられた慣習的手順が存在していなければならず、その手順は一定の状況において一定の人物による一定の言葉の発話を含んでいる必要があり、そしてさらに、

（A.2）そのケースにおける特定の人物や状況が、呼び起こされた特定の手順の発動にとって適切なものでなければならない。

（B.1）手順は、すべての参与者によって、正確に、かつ

（B.2）完全に実行されなければならない。

（Γ.1）よくあるように、その手順が一定の思考や感情をもつ人物によって行われるようになっている場合、また参与者の誰かの側で一定の後続的なふるまいが開始されるようになっている場合、参与して手順を発動する人物は実際にそうした思考や感情をもってい

なければならず、また〔他の〕参与者たちも自身そのようにふるまうことを意図しなければならず、[1] さらに

（Γ.2）引き続き実際にそのようにふるまわなければならない。

さて、もし私たちがこれら六つのルールの一つ（あるいはそれ以上）にそむいたとしたら、その遂行的発話は（何らかの仕方で）不適切になるだろう。しかし、もちろん不適切になる種々の「仕方」のあいだにはかなりの違いがある——各ルールの頭につけた文字と数字は、そのことをあきらかにするように意図されたものである。

AとBに属する四つのルールを一緒にして、Γに属する二つのルールに対置するというのが、ここでの最初の大きな区別である（ゆえにローマ文字とギリシア文字[*5]を使って対比させた）。前者のルール（AあるいはB）のどれかにそむいた場合——たとえば、決まった言い方があるのに正確にそう言わないとか、当人がもう結婚していたり、儀式を取りしきる人が船長ではなくパーサーであったりして、参与者がその行為を行える地位の人物ではないといった場合——、当の行為、たとえば結婚などはまったく不成功となり、ことは起こらず、行為は達成されない。一方、Γの二つのケースでは、行為は達成されるのだが、そのような状況での達成はいわば不誠実であり、つまり行為は手順の悪用なのである。たとえば、守るつもりがないのに「私は約束する」と言えば、私は約束したけれど、しかし……となるわけだ。そこで、私たちは一般にこの一般的な区別に言及するためには、名前をつける必要がある。

以下のようにしたい。まず、A.1からB.2についての不適切さ、すなわち当の行為を行うために、あるいは行うことにおいて、当該の言語表現が指定されているけれども、行為が達成されないタイプの不適切さは、不発（MISFIRES）という名で呼ぶ。一方、行為自体は達成されるタイプの不適切さは、悪用（ABUSES）と名づけることができるだろう（これらの名前の通常の意味合いについては、あまり強調なさらないように！）。行為が不発に終わる場合、私たちが呼び起こそうとした手順は許されていなかったり、やりそこなわれたりして、（結婚その他の）行為は空虚や無効、等々になる。私たちはそれらについて、自称されただけの行為と言ったり、あるいはことによると未遂と言ったりする――あるいは「結婚した」と対比させて「結婚の形をひととおりは行った」などといった表現を使う。一方、Γのケースの不適切な行為については、「自称の」や「からっぽな」ではなく「偽装の」や「うわべだけの」といった言い方が、また空虚や無効ではなく実行されないとか完遂されないといった言い方がされる。ただ、急いで付け加えたいのだが、これらの区別は強固でしっかりしたものではなく、とりわけ「自称の」とか「偽装の」といった言葉はそれほど強調されているわけではない。空虚あるいは無効ということについて、最後に二つの注意点を。これはもちろん、何も行わないということではない。そこでは、たくさんのことが――私たちの興味を最も引くであろうのは重婚の行為だ――行われるだろう。しかし、自称された行為、すなわち結婚は行われないのである。なぜなら、その名に反して、重婚することは二回結婚することではないからだ（要するに、結婚の代数学はブール代数[*6]になっているのである）。また、ここで「無効」

というのは、「何の結果も帰結も効果もない」ということではない。

次に取り組むべきは、同じ不発のなかでAのケースとBのケースのあいだにある一般的な区別をあきらかにすることである。Aに属する二つのケースには、手順の誤発動がある——そうなってしまう理由は、大まかに言ってそのような手順は存在しないから、あるいは手順があっても実際に試みられたようには適用できないから、のどちらかである。そこで、このAに関する不適切さは、**誤発動**（*Misinvocations*）と呼ばれるだろう。そのうち第二のもの——手続きは問題なく存在するが、自称されたようには適用できないもの——は当然、**誤適用**（*Misapplications*）と名づけられるだろう。しかし、私はまだ第一のグループについて、よい名前を見出せていない。Aと対比すると、Bのケースは、手続きはきちんとあるし、問題なく適用もされるのだが、儀式の実行の段になってしくじりがあり、多かれ少なかれひどい結果になってしまう、と理解される。そこで、Aが誤発動であるのにたいして、Bのケースは**誤実行**（*Misexecutions*）と呼ばれることになる。自称された行為は、儀礼の実行における欠陥や障害によってそこなわれてしまうのである。B.1グループは**欠陥**（Flaws）であり、B.2グループは**障害**（Hitches）である。

こうして、私たちは次のような図式を得ることになる(2)〔次頁の図参照〕。

私の予想では、A.1とΓ.2についていくぶんかの疑念を抱かれることと思うが、より立ち入った考察は少しあとで行うことにしよう。

とはいえ、詳細に入る前に、これらの不適切さについて、いくつかの一般的な注意点を指

不適切さ

- AB　不発　行為は自称されたが空虚
  - A　誤発動　行為は許されていない
    - A.1　？
    - A.2　誤適用
  - B　誤実行　行為はそこなわれる
    - B.1　欠陥
    - B.2　障害
- Γ　悪用　行為は宣言されたがうわべだけ
  - Γ.1　不誠実
  - Γ.2　？

摘させていただきたい。次のような問いが浮かぶだろう。

（1）どのくらいの範囲の種類の「行為」に、不適切さの概念はあてはまるのか。

（2）不適切さについてのこの分類は、どのくらい完全なものなのか。

（3）これらの不適切さの種類は、互いに排他的なものなのか。

以上の問いを、（この）順に取り上げていこう。

（1）不適切さは、どのくらいの拡がりをもつか。

さて、まずは次のことがあきらかだと思う。すなわち、確かにここでは言葉を発することであるような一定の行為、あるいはそれを部分として含む行為との関連において、不適切さが私たちの関心をかき立てた（あるいは、かき立てそこなった）のだが、し

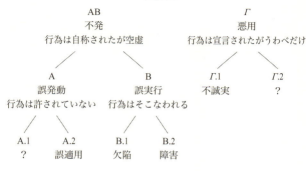

かし不適切さは一般に、儀式的もしくは儀礼的な性格をもつすべての慣習的行為、すべての行為に宿る病いであること、ただしあらゆる儀式が（そして、あらゆる遂行的発話が）あらゆる形式の不適切さに陥《おちい》りうるわけではないこと、である。賭けること、財産を譲渡することなど、多くの慣習的行為が非言語的な仕方で遂行されうる、という単純な事実を見るだけで、もうこれはあきらかである。ここで見たのと同じようなルールは、すべての慣習的手順において見て取れるに違いない――要は、先のAから、言語的発話にとりわけて言及している部分を削除すればよいのだ。以上は明白なことである。

しかし、さらに次のことも指摘しておく――思い出していただく値打ちがある。すなわち、法律家が関心をもつような「行為」のうち、どれだけの数のものが遂行体の発話であったり、それを含んだりしているのか。あるいは、ともあれ一定の慣習的手順の遂行であったり、それを含んだりしているのか。もちろん、皆さんはこのように評価してくださると思うのだが、法律学の著者たちはさまざまな種類の不適切さや、ときには遂行的発話の特異性にすら自分たちは気づいていると、しきりに表明してきた。ただし、法の発話や、いわゆる「法における行為」で用いられる発話は何らかの仕方で真または偽になる言明であらねばならないという思い込みが、いまだに広く残っている。これが邪魔をして、多くの法律家たちは、ことの全体的なありようを、私たちがそうしているであろう以上に素直にとらえるということを果たさずにきたのである――法律家の誰一人としてそうとらえたことがないか否かまでは、私にはわからないが。しかしながら、私たちにとってより直接的な関心事となるのは、次のことへの気づきである。すなわち、以上と同じ理由からすると、倫理の領域に属するじつにたくさんの行為は、哲学者たちがしばしば想定しがちであるような、最終的にたんに身体の動きであるのではない、ということである。非常に多くの倫理的行為は、全体として、あるいは部分的に、慣習的もしくは儀式的な性格を一般にもっており、それゆえとりわけ不適切さへの危険にさらされているのである。

最後に、私たちは——ここで私は手の内の一部をさらさなければならないのだが——こう問うこともできるかもしれない。不適切さの概念は、言明であるような発話にもあてはまるのだろうか？　私たちはこれまでのところ不適切さを遂行的発話の特徴として示してきたわけだが、その遂行的発話が「定義」（それを定義と言えるとしたら）されるのはもっぱら、おそらくは身近なものであろう「言明」とのコントラストによってであった。しかし、私は現段階では次のことを指摘するだけでよしとしなければならない。近年の哲学の営みのなかで起こっていることの一つに、正確には偽ではないし、「矛盾」ではなおさらないのだが、それでもなおどこか常道を踏み外している「言明」にも詳細な注意がそそがれるという動きがある。たとえば「現在のフランス王はハゲである」のような、存在しない何ものかを指示する言明。こういうものを見ると、自分のものではない物品を遺贈すると自称するようなことになぞらえたくなる誘惑が、あるいは生じるかもしれない。どちらの事例においても、存在の前提があるのではないか？　存在しないものに言及する言明は、偽というよりも空虚なのではないか？[*7]　そして、言明というものを文（もしくは命題）ではなく発言の行為（そこから文や命題が論理的構成物として生じる）としてとらえればとらえるほど、私たちはますます、ことの全体を行為として研究することになるのである。あるいはまた、嘘と偽りの約束のあいだには、あきらかな類似性がある。この点について、私たちはのちほど立ち返ることになるだろう。(3)

（2）私たちの第二の問いは、こうであった。この分類は、どのくらい完全なものなのか。

（i）さて、まず第一に思い起こしておかなければならないのは、次のことである。すなわち、遂行体の発話において、私たちはまったく健全ないみで疑いなく「行為を遂行している」のだから、それらはまさに行為として、ある一定の諸次元の不満足さに陥りうること、そしてそれらはあらゆる行為が陥りうる不満足さであり、私たちが不適切さとして選び出して議論しているのとは異なる――あるいは区別しうる――ものであること。私が言わんとしているのは、行為は一般に（すべてではないが）、たとえば強制されて行われたり、偶発的に行われたり、あれこれのさまざまな間違いとか、その他、意図的でない仕方で行われたりしがちであることだ。この種の多くのケースにおいて私たちは、その行為が行われたとか、彼はそれを行った、などと単純に言う気にはならないはずである。私はここで一般理論に取り組むつもりはないが、このような多くのケースにおいて私たちは、その行為は「空虚」である（もしくは強制や不当な影響ゆえに空虚になりうる）、等々の言い方さえするかもしれない。もしかしたら非常に一般的な高次の理論が可能で、それは私たちがここで不適切さと呼んできたものと、行為――この場合、遂行的発話を含む行為――を行うことが陥りうる他の「不適切な」ありようを、一つの理論にまとめるものかもしれない。しかし、いまはこの種の不適切さは除外しておくことにしよう――ただし、私たちが議論しているいずれのケース[*8]においても、この種の特徴はいつでも押し出てくることがありうるし、実際そうなっている、という点だけは覚えておくべきだが。この種の特徴は、通常「情状酌量的な状況」とか「行為者の責任を減じたり免除したりする要因」等々の見出しのもとに収められる。

(ii) 第二に、遂行体は発話として、すべての発話に感染するその他一定の種類の病いも受け継ぐ。やはりより一般的な説明へ展開できるかもしれないが、これらについても同様に、いまはあえて除外しておく。私の念頭にあるのは、次のような事例である。遂行的発話は、たとえば舞台の上の俳優によって言われたり、詩のなかに挿入されたり、ひとりごとで発せられたりした場合、ある独特な仕方でうわべだけのものになったり、空虚なものになったりする。およそあらゆる発話において、このことは似たようにあてはまる――特別な状況において、ことが様変わりする[*9]のである。このような状況で言語は特別な仕方で使われているのであり、――あきらかに――真剣に使われているのではなく、通常の用法に寄生するような（*parasitic*）使われ方がされている――言語の退色現象についての理論に属する使われ方である。こうしたもののすべてを、私たちは考察から除外していくだろう。私たちの考察する遂行的発話は、適切であろうとなかろうと、日常の状況で発せられたものと解されなければならない。

（iii）ある面、以上のような考察をせめて当面は脇に置いておくためでもあったのだが、私は「誤解」から生じる「不適切さ」——と呼んで確かによいかもしれない——のたぐいを話題にするのを避けてきた。私は約束した、ということが成り立つには、通常、私はあきらかに、

（A）誰か、おそらくは約束される側の人によって聞かれていなければならないし、

（B）その人によって約束として理解されなければならない。

これらの条件のいずれかが満たされていないと、私は本当に約束をしたのか、という疑念が生じ、私の行為はたんに未遂に終わったとか、空虚だったとみなされることになるかもしれない。法の場面では、この種のいろいろな不適切さを避けるために、令状や召喚状を送達するといった特別な予防措置がとられている。とりわけ重要なこの件については、のちほど別の文脈のなかで立ち戻らなければならないだろう。

（3）これら各種の不適切さは、互いに排他的なものなのか。この問いへの答えは、あきらかである。

（a）ノー。同時に二つの仕方でしくじることがありうる、といういみで（ロバにたいして不誠実に、ニンジンをあげると約束することができる）。

（b）ノー。こちらのほうがより重要だが、複数のしくじり方が「互いに浸透し合う」とか「重なり合う」といったことがあり、そのうちのどのしくじり方なのかを決める仕方もいろいろあって「恣意的」である、といういみにおいて。

たとえば想像してみよう、造船台の上に船があるのを見かけた私が、そこに歩み寄って船首にぶら下がる瓶を叩き割り、「私は本船を「ミスタ・スターリン号」と命名する」と宣言して、おまけに船を留めているチョックを蹴飛ばしてしまう。ここでの問題はしかし、私が命名者として指名された人物ではないことである（「ミスタ・スターリン号」が——話をよけい込み入らせることだが——予定された名前であろうとなかろうと）。もしそうだとしたら、あるいみで、いっそう恥辱的なことになるかもしれないが）。私たちは皆、同意することができる、

（1）このことによって船は命名されていないこと、[4]

（2）これはひどい恥辱であること。

私は船を命名する「形式をひととおりなぞった」けれども、私は正しい人物ではなく、命名を遂行する「資格」をもたず、だから私の「行為」は「空虚」もしくは「無効」である、と言われるかもしれない。しかし、それに加えて、あるいは代えて、こう言われるかもしれない。見た目上の資格やそれへのもっともらしい要求すらない場合は、受け入れられた慣習的手順が存在しないのだ、それはまねごとであり、猿と結婚するようなものだ、と。あるいは

また、その人物が指名されているということは手順のなかに含まれる、と言われるかもしれない。聖者がペンギンを洗礼しても空虚になるばかりだが、それは洗礼の手順はあるけれどもそれをペンギンに適用するのは不適切だからなのか、それとも、そもそも人間以外のものを洗礼する受け入れられた手順など存在しないからなのか。このような不確定性について、私は理論的には重要なものではないと考える。ただし、それを調べてみるのは楽しいことではあるし、また実用面では、法律家たちがするように、それに対処する術語を用意しておくと便利でもあるのだが。

原注

（1）こうした思考や感情、意図をもつことが、なぜすでに（A）で扱われた「状況」のたんなる一つとして含まれないのかについては、あとで説明することになるだろう〔訳注：こういう予告がなされているにもかかわらず、後段でこの件が明示的に説明されている箇所は見あたらない。しかし、本文ですぐに登場する、Γ条項に違反したとしても行為が不成立になるわけではない、という指摘が、説明に結びつくだろう。もし思考や感情、意図がA.2における「そのケースにおける特定の状況」に繰り入れられたら、それらを欠く不誠実な発話は「誤適用」になり、行為は不成立になるからである〕。

（2）［オースティンはときにより、これらさまざまな不適切さに別の名称を用いることがあった。興味深いかもしれないので、いくつか紹介すると、A.1＝非作動（Non-plays）、A.2＝誤作動（Misplays）、B＝誤運用（Miscarriages）、B.1＝誤実行（Misexecutions）、B.2＝非実行（Non-executions）、Γ＝無礼（Disrespects）、

Γ.1＝まやかし（Dissimulations）、Γ.2＝非成就（Non-fulfilments）、不忠義（Disloyalties）、違約（Infractions）、無規律（Indisciplines）、不履行（Breaches）。J・O・U〕

（3）〔八〇頁以下を参照されたい。J・O・U〕

（4）赤ん坊を命名することは、さらに難しい。名前が間違っている場合もあれば、聖職者が間違っている――すなわち、命名の資格はあるけれども、この子の命名者として意図された人物ではない――場合もあるだろう。

訳注

＊1　第二版では、「誤り」は「軽率」に変更されている。

＊2　「走る前に歩くことを習え」ということわざを逆にしたもの。

＊3　第Ⅰ講の原注（9）で言及されたオースティンの同僚の法哲学者ハートの論文に、ちょうど同じような指摘がある。「……一般に法は、言明の報告をそこで述べられている事実の証拠としては認めないけれども、他の目的のために、そのような報告を認めることがある。そして、法は実際に、事実言明と、J・L・オースティンが遂行的発話と呼んだものとを区別している。したがって、ある人が約束をしたかどうか、あるいは賭けをしたかどうかが争点となる場合、彼が一定の脈絡のなかで約束とか賭けに相当する言葉を発したという伝聞の報告は、証拠として採用される」（H・L・A・ハート「法哲学の諸問題」深田三徳・古川彩二訳、『法学・哲学論集』矢崎光圀・松浦好治訳者代表、みすず書房、一九九〇年、一二六頁）。この論文は本書刊行後の一九六七年に発表されたものだが、引用文に見るような一致具合からすると、オースティンが「教わった」と言っているのはハートの可能性が高いと思われる。

＊4　「明示的な遂行体」なるものや、それが「高度に発達した」ものであるという点については、のちの第Ⅵ講で主題的に考察される。

＊5　Γはギリシア文字のガンマ。アルファ、ベータに続く三番目の文字なので、ここで使われているのだろう。

＊6　イギリスの数学者ジョージ・ブール（一八一五―六四年）が論理計算をモデルとして導入した代数系で、そこでは$x^2 = x$がつねに成り立つ。重婚で結婚を「二乗」しても最初の結婚だけに戻ってしまうということで、この代数系が引き合いに出されているわけである。

＊7　有名な、ラッセルの確定記述理論にたいするストローソンの批判をふまえている。ごく概略的に示せば、ラッセルは「現在のフランス王はハゲである」のような確定記述を含む文、たとえば「現在のフランス王（the present king of France）」は、言語形式上の見かけに反して、論理形式としては次のような命題の連言である、と分析した。すなわち、「現在のフランス王が存在する」かつ「現在のフランス王は一人以上存在しない」かつ「現在のフランス王でありハゲでない者は存在しない」。すると、少なくとも最初の命題は偽なので、連言全体、すなわち当の文も偽ということになる。これにたいして、オースティンの同僚ストローソンは、フランス王の存在は文の言明で言われていることではなく、言明を行う前提条件である、と主張した。そして、前提条件を欠いた言明は「文の見せかけの使用」であり、だからそれが真か偽かという問いは端的に生じないのだ、と。オースティンの言う「偽というよりも空虚」は、このストローソン説への言及だと思われる。ラッセルが確定記述理論を表明したのは論文「表示について」（バートランド・ラッセル「表示について」松阪陽一訳、『言語哲学重要論文集』松阪陽一編訳、春秋社（現代哲学への招待）、二〇一三年）、ストローソンが批判を展開したのは論文「指示について」（ピータ・F・ストローソン「指示について」藤村龍雄訳、坂本百大編『現代哲学基本論文集II』勁草書房（双書プロブレーマタ）、一九八七年）である。

＊8　第二版では、このあとに「特定の」という語が挿入されている。

＊9　「様変わり」は原文では“sea-change”で、シェイクスピアの『テンペスト』第一幕第二場で空気の精

エアリアルが歌う“Nothing of him that doth fade / But doth suffer a sea-change / Into something rich and strange”をふまえたもの。日本語訳の例としては「その身はどこも消え果てず／海の力に変えられて／今は貴い宝もの」(『テンペスト』松岡和子訳、『シェイクスピア全集』第八巻、筑摩書房（ちくま文庫）、二〇〇〇年、四四頁)。

第Ⅲ講　〔不適切さ――不発〕

最初の講義で、私たちは遂行的発話を準備的に抽出し、それを何かを言うこと、あるいは、たんに言うだけのことではなく、何かをすることとして、そして真または偽となるような、何かの報告ではないものとしてとらえた。二番目の講義では、確かに真または偽にはならないとしても、遂行的発話はなお批判に直面する――不適切になりうることを指摘し、**不適切さ**の六つのタイプをリストアップした。そのうちの四つは発話を**不発**に、すなわちなされると自称される行為を無効かつ空虚に、ゆえに効力をもたないものにするが、対照的に残りの二つは宣言された行為をただ手順の悪用にするだけである。こうして、私たちは**現実**に侵入する、あるいはことによると**混乱**に侵入する、輝ける二つの新しい概念で武装したかのようにも思われる――私たちの手にある二つの新たな鍵、そしてもちろん同時に足元にある二つの新たな滑り止め。哲学において、前もっての武装は前もっての警告でもあるべきだ。それから、私はしばし立ち止まって、**不適切さ**の概念に関するいくつかの一般的な問いについて議論し、ことをめぐる新たな地図のなかに不適切さという概念の一般的な位置を書き込んでみた。私が主張したのは、（1）不適切さは言語的なものだけでなく、すべての儀礼的行為にあてはまること、そしてそれらは思った以上にありふれていること、である。また、私が認めたのは、（2）私たちのリストは完全なものではなく、儀礼的ふるまい一般や発話一般を毒する「不適切さ」と呼ばれてしかるべきものには、ほかにも一群のさまざまな次元があり、それらは疑いなく哲学者たちの関心事であること、そして、（3）もちろん異なる不適切さ同士が融合したり重なり合ったりすることがありうるし、特定の事例をどう分類するかは多かれ少なかれ任意の選択になりうること、である。

　私たちの次の予定は、不適切さのいくつかの事例――私たちの六つのルールへの違反――を取り上げることであった。最初に二つのルールを思い出していただきたい。ルールA.1、すなわち一定の慣習的効果をもつ、受け入れられた慣習的手順が存在していなければならず、その手順は一定の状況において一定の人物による一定の言葉の発話を含んでいる必要がある、というものと、そしてもちろん、ルールA.2、すなわちその手順を完全なものにするルールで、そのケースにおける特定の人物や状況が、呼び起こされた特定の手順の発動にとって適切なものでなければならない、というものである。

A.1　一定の慣習的効果をもつ、受け入れられた慣習的手順が存在していなければならず、その手順は一定の状況において一定の人物による一定の言葉の発話を含んでいる必要がある。

後半部分はもちろん、たんにこのルールを発話のケースに限定するためだけのものであり、原理上は重要なものではない。

このルールの表現は「存在する」と「受け入れられた」という二つの言葉を含んでいるが、しかし私たちが次のように問うのも、理にかなったことかもしれない。すなわち、「存在する」には「受け入れられた」以外の何らかのいみがありうるかどうか、また両方ともむしろ「(一般に)用いられている」としたほうが好ましいのではなかろうか、と。〔そして〕だから、ともあれ私たちは「(1)存在し、(2)受け入れられている」と言ってはならない〔のでは、とも〕。では、このもっともな疑いに敬意を表し、まずは「受け入れられた」から取り上げよう。

誰かが遂行的発話を発したものの、呼び起こされた手順が受け入れられていないということで、それが不発に分類される場合、受け入れないのは誰かといえば、それはおそらく話し手以外の人物だろう(少なくとも話し手が真剣に話しているとしたら)。どんな事例があるだろうか。夫から妻に向かって発せられた「私は君を離縁する」を考えてみよう。ただし、そこはキリスト教国で、夫妻ともイスラム教徒[*1]ではなくキリスト教徒であるとする。この場合、こう言われるかもしれない、「そんなことを言っても、彼は彼女を(成功裏に)離縁したことにはならない。私たちが〔離婚の手続きとして〕認めるのは、そういうのとは違う一定の言語的もしくは非言語的な手順だけだ」と。あるいは、もしかしたら「私たちは(私たちは)離婚を成立させるようないかなる手順もまったく認めていない——結婚とは解消不可能なものなのだ」とさえ。この線でいけば、私たちはやがて、たとえば決闘に関する作法のような手順の規約体系全体と言いうるものを拒絶するに至るかもしれない。そこでは、たとえば「私の代理人が君を訪ねるだろう」〔という発話〕によって決闘の申し込みをすることが可能であり、つまりこれは「私は君に決闘を申し込む」と同等なのだが、〔現代の〕私たちとしては、それを一笑に付すばかりである。こうした一般的な境遇は、ドン・キホーテの不運な物語のなかで活用されている。

もちろん、私たちが「そのような」いかなる手順もけっして認めないとしたら——すなわち、その種のことを行うどんな手順もまったく認めないとか、その特定のことを行う手順はいかなる仕方のものであれ認めないというのなら——、あきらかにことは比較的単純である。しかし、同じようにありそうなのは、私たちがときには——一定の状況が揃ったり、一定の人物によるものだったりすることで——ある手順を受け入れるが、しかし状況や人が異なれば受け入れない、というケースである。このような場合、私たちはしばしば（前講の命名の事例で見たように）、この不適切さは目下の分類で言えばA.1とすべきなのか、それともむしろA.2だろうか（さらにはB.1あるいはB.2だろうか）、といった疑念を抱くかもしれない。たとえば、パーティーのゲームで組に分かれるさい、あなたが「ぼくはジョージを選ぶ」と言ったのにたいして、ジョージは不平気味に「ぼくは参加してないよ」と言うとする。はたしてジョージは選ばれたのだろうか？　疑いなく、状況は不適切なものである。私たちは言うかもしれない、君はジョージを選んでいないのだ、なぜなら参加していない人をメンバーに選べるような慣習は存在しないのだから、あるいはその状況におけるジョージは選出の手順にとって適切な対象ではないのだから、と。あるいは、無人島であなたが私に「行って、薪《まき》を拾ってこい」と言うのにたいして、私は「あなたから命令は受けない」とか「あなたには私に命令する権限などない」と答えるかもしれない——相手が船上にいる船長で、真正の権威をもっているケースと違って、この無人島の場合は、相手が「自分の権威を言い張る」ことを試みても（私はそれに服するかもしれないが、おそらくそうはしない）、私はその命令を受けないのである。

ということで、私たちは目下のケースをA.2（誤適用）に分類して、手順——一定の言葉を発すること等々——は十全で、かつ受け入れられているものの、手順が発動される状況や人物が間違っていた、と言うかもしれない。「ぼくは選ぶ」は、動詞の目的語〔が指示する者〕が「参加者」であるときにだけ正常に働き、指令は動詞の主語〔が指示する者〕が「司令官」や「権威をもつ者」であるときにだけ正常に働くのだ、と。

あるいはまた、今度はルールB.2に分類し（あるいは先の〔命令にまつわる〕示唆は、ここに仕分けるべきかもしれない）、手順は完全には実行されていなかった、と言うかもしれない。なぜなら、手順に不可欠な部分として、「私は……〔する〕よう命令する」の動詞の目的語に対応すべき人物が、権威者の命令に従う者として、まずは設定されていなければならないのだから、と。そして、それは暗黙のうちにであれ、明言的にであれ、たとえば「私はあなたが私に命令することを行うと約束します」といった発話のような、先立つ手順によるものなのだ、と。これはもちろん、社会契約なるものがあるのかないのか、あるいはあるべきなのか、といった議論が政治理論の領域でなされるさいの根底にある不確定性の一つ――まったく純粋に一般的な不確定性――である。

個々特定のケースについて私たちがどう決定を下そうと、原理的にはまったく問題ではないと私には思われるが――とはいえ、事実にもとづいたり、さらなる定義を導入したりして、ある解決法が他よりも好ましいという同意がなされることもありうる[*2]――、しかし、原理上、以下のことをあきらかにしておくのは重要である。

（1）B.2[*3]に抗して、たとえ私たちがどれほど多くのことを手順に数え入れようとも、誰かがそれらをすべて却下することは、なお可能であること。

（2）[*4]手順が受け入れられていると、いうのは、たんにそれが事実として一般に用いられているということ以上のものを、それどころか関与している人びとによって現に用いられているということ以上のものを含んでいること。そして、たとえある人がこれまで受け入れてきたものだとしても、ある手順――もしくは手順の規約体系――を拒絶する可能性は、原理上、誰にとっても開かれていなければならないこと――たとえば決闘の作法の場合に起こりうるように。もちろん、そんなことをすると制裁を受けることが多い。その人は他者から参加を拒まれたり、名誉を重んずる人ではないと言われたりする。〔しかし〕何より、すべてを平板な事実の状況に位置づけるべきではないのである。というのも、これは「である(is)」から「べきである(ought)」を導き出すことへの古くからある反論にさらされることになるからだ（受け入れられているというのは、本来のいみにおける〔事実の〕状況ではないのである）。たとえば、ゲームを行うといった多くの手順において、状況がどんなに適切であろうと、それでもなお私はゲームを行っていないかもしれないのであり、だからその先で私たちは、「受け入れられている」ことが「通常」採用されていることとして定義されうるというのは結局のところ疑わしい、と主張すべきなのである。しかし、これはいっそう難しい問題である。

では次に、ときに手順が存在すらしないかもしれないという示唆は、どういうことを意味しうるのだろうか――手順はあれこれの集団によって受け入れられているか否か、というのとは異なる問いである(1)。

（i）「もはや存在しない」手順というものが考えられる。これはたんに、かつては一般に受け入れられていたものの、いまや一般に受け入れられておらず、あるいは誰にも受け入れられていないといういみで、もはや存在しないもので、たとえば決闘の申し込みが、その一例である。そして、

（ii）誰かによって創始されつつある手順というものさえ考えられる。ときにひとは、フットボールの歴史のなかで最初にボールをもって走った少年[*5]のように、「何とか切り抜けて」しまうかもしれない。怪しい言い方ではあるけれども、ことを何とか切り抜けるというのは本質的なことだ。起こりうるケースを考えてみよう[*6]。「あなたは臆病だった」という発話は、あなたへの非難や侮辱になりうるものである。そして、私は「私はあなたを非難す

る」と言うことで私の〔非難するという〕行為を明示的にできるが、しかし「私はあなたを侮辱する」と言うことでそうすることはできない——その理由は、ここではあまり重要ではないが[2]。重要なのは、もっぱら、もし誰かが「私はあなたを侮辱する」と実際に言うとしたら、そこではある特別な種類の「非作動[3]」が生じうる、ということである。侮辱することは慣習的な手順であり、しかも何よりもまず言語的なそれなのだから、私たちはあるいみで「私はあなたを侮辱する」と言う人が発動すると称する手順を理解するほかないのだが、しかしそれでもそれを非作動とみなさざるをえないのだ。それは、たんにその慣習が受け入れられていないからというだけでなく、それがそもそも受け入れられることにたいする何らかの妨《さまた》げがある、その本性はにわかにはあきらかではないが、ともかく妨げがある、という漠然とした感じを私たちがもつからである。

　しかしながら、よりありふれているのは、一つの手順がどこまでの拡がりをもつのか——どのケースをカバーするのか、どこまで多様なものをカバーしうるのか——がはっきりしないケースだろう。そもそも手順というものには、それが適用できる範囲が曖昧なままにとどまることが、したがってもちろん、それとともにその手順の「正確な」定義が曖昧なままにとどまることが、本質的な性質として含まれている。ある慣習的手順のこれまでの歴史を探っても、その手順が正確に適用できるか否かを判断する決定材料が見つからないような、難しい、もしくは境界的なケースが、いつでも生じるだろう。もしある犬が理性的だと認定されたなら、私はその犬を洗礼できるのか？　それとも、それは非作動になるのか？　法の世界は、このような難しい決定事案に満ちている——もちろん、こうしたケースでは、自分たちの下す決定について私たちがどう自認するかは、多かれ少なかれ恣意的である。すなわち、(A.1)そのような慣習は存在しないと決定しているのか、それとも、(A.2)慣習は疑いなく存在するが、その発動には状況が適切ではないと決定しているのか。いずれにせよ、私たちは自分たちが以前につくった「前例」に拘束される傾向が強いだろう。法律家たちは、法をつくるより適用する者として、通常、後者のやり方を好む。

しかしながら、さらなるタイプのケースが起こりうるのであって、それらはさまざまな仕方で分類されうるが、しかし特別な注意に値するのである。

私が事例として取り上げてきた遂行的発話は、すべて高度に発達したもので、のちほどたんに黙示的[*7](*implicit*)な遂行体との対比において、私たちが明示的(*explicit*)遂行体と呼ぶことになる種類のものである。明示的というのは、すなわち、それらは(すべて)何らかの高度に有意かつ一義的な表現で終わるか、[*8]あるいはそれを含むということで、「私は賭ける(I bet)」、「私は約束する(I promise)」、「私は遺贈する(I bequeath)」といったものが、そうした表現の例である——これらはまた、賭け、約束、遺贈、等々の、こうした表現を含んだ発話をなすことにおいて遂行されている行為を名づけるさい、ごくふつうに用いられている表現でもある。しかし、もちろん次のことも明白かつ重要だ。すなわち、私たちは場合によっては「行け(Go)」という発話を用いて、「私はあなたに行くよう命令する(I order you to go)」によって達成するのと実践的には同じことを達成できるのである。あとからそこで行われたことを記述するなら、私たちはどちらの場合についても快活に言うだろう、彼は私に行くよう命令した、と。しかしながら、たんなる命令文「行け」のような非明示的な表現が用いられた場合、発話者が私に行くよう命令している（もしくは命令しようとしている）のか、それともたんに助言、懇願、等々をしているのかが実際に不確かなことがありうるし、またその発話だけ孤立させてみるかぎり、いつでも不確かさが残る。似たように、「野原に雄牛がいる」と言うさい、私は光景をただ記述しているだけなのかもしれないから、警告かもしれないし、そうではないかもしれず、「私はそこに行く（I shall be there）」は約束かもしれないし、そうではないかもしれない。これらは明示的遂行体とは異なる始源的な遂行体だが、さらに当の発話がそもそも遂行体なのかどうかを決める手がかりが状況のなかにまったくないということもありうる。ともあれ、状況によっては、あれか、それともこれか、という受け取りようが受け取り手次第であることがありうるのだ。それは——ひょっとしたら——遂行的な表現だったのかもしれないが、当の手順が十分明示的に発動されていなかった。私は命令としてそれを受け取らなかったのかもしれないし、あるいはともかく命令として受け取るように拘束されていなかったのかもしれない。〔また〕ある人物はそれを約束として受け取らなかった、すなわちその特定の状況において、話し手によって儀式が不完全にしか行われなかったので、彼は手順は受け入れなかった。

　私たちは、このような〔黙示的な〕ものを、欠陥のある遂行もしくは不完全な遂行（B.1あるいはB.2）と同一視するかもしれない。ただし、これは一義的でこそないとはいえ、[*9]実際には完全なものではあるのだが。（法の場面では、もちろんこの種の非明示的遂行体は通常B.1またはB.2に分類されるだろう——たとえば、非明示的に遺贈するのは不正確もしくは不完全な行為である、というのがルールになっている。もっとも、日常生活では、このような厳格さに出番はないが。）私たちはまた、これを誤解（これについてはまだ検討していない）と同一視することもできるだろうが、しかしこれは発話の意味に対置される発話の力（force）に関連する、特別な種類の誤解となるだろう。それに、ここでのポイントは、聞き手が理解しなかったというところにだけでなく、たとえば命令としてそれを受け取るといった理解をしなければならないわけではなかったというところにあるのだ。

私たちは、さらにこれらを、手順はそれが使用されている事実が明確でないような場合に使用されるようには設計されていないと言って、A.2と同一視するかもしれない——そのような使用の仕方は手順をまるごと空虚にしてしまう、というわけだ。手順は、それが使用されていることが一義的にあきらかな状況でのみ使用されるべきだ、という主張である。しかし、これは完徳の勧め[*10]というものだ。

A.2　そのケースにおける特定の人物や状況が、呼び起こされた特定の手順の発動にとって適切なものでなければならない。

　次に、A.2への違反、私たちが**誤適用**と呼ぶことにしたタイプの不適切さに向かおう。これについての事例は豊富である。すでにあなたが指名されているとき、すでにほかの人が指名されているとき、私が指名の権限をもっていないとき、あなたが馬であるときに発せられる「私はあなたを指名する」。あなたが結婚を禁じられた親等に属する場合や、海上ではないのに船長を前にして発せられる「誓います」。[*11] その物品が私のものでないとき、生きていて切除されてもいない私の肉の一ポンドであるときに発せられる「私は譲渡する」。このようないろいろなケースのタイプについて、私たちは特定の呼び方を多彩に持ち合わせている——「権限外《ウルトラ・ヴィーレス》」、「不適格」、「適合しない、あるいは正しくない対象（もしくは人物など）」、「無資格」等々。

　「適切でない人物」と「適切でない状況」のあいだの境界は、かならずしも堅牢かつ固定的なものではないだろう。確かに、「状況」というものはあきらかに、すべての参与する人物がもつ「性質」全般をカバーするところまで拡張しうる。しかし、私たちは人物、対象、名称、等々の不適切さがそれらの「不適格さ」の問題であるケースと、対象や「行為者」がそもそも間違った種類やタイプである、より単純なケースとを区別する必要がある。これもまた、ざっくりとした見えにくい区別だが、とはいえ重要でないわけではない（たとえば法の場面で）。たとえば私たちは、聖職者が違う赤ちゃんを正しい名前で命名したり、赤ちゃんは正しくても「アルフレッド」と〈あるべきところを〉間違えて「アルバート」と命名したりするような場合と、「私はこの新生児を２７０４と名づける」と言ったり、「私はお前の顔をぶんなぐると約束する」と言ったり、馬を領事に任命したりするような場合とを、区別しなければならない。後者のケースには間違った種類やタイプのものが何かしら含まれているが、一方、前者の不適切さはたんに不適格さの問題にすぎないのである。

A.2がA.1やB.1と重なり合う件については、すでにいくつか言及された。[*12] たんに正式に指名された人ではない[*13]というより、人物自体がそもそも不適切であり、そして何があっても――先立つ手順や指名等々があったとしても――ことをまともにできなかったかもしれない場合には、私たちは誤発動（A.1）とみなす可能性が高いかもしれない。一方、指名ということを文字どおりに（つまり身分に対比されるいみでの地位として）[*14]受け取るなら、私たちは不適切さは手順の誤適用というより、誤って実行されたものとして分類するかもしれない――たとえば、指名前の候補者に投票するような場合である。ここでの問題は、どこまでさかのぼって「手順」に繰り入れるべきか、ということである。

次は、**誤実行**と呼ばれるBの事例だ（もちろん、すでにその領域にはだいぶ侵入してきたが）。

B.1 手順は、すべての参与者によって正確に実行されなければならない。

これ〔への違反〕は欠陥である。それはたとえば、誤った表現の使用において生じる――人物や状況にたいして適切な手順が存在するものの、それが正確に行われない場合である。事例は、法の領域でいっそう容易に見出される。〔ただし〕大まかさが許容される日常生活では、おのずと法の領域のようには明確ではなくなるが。非明示的な表現の使用〔によって曖昧さが生じるような場合〕も、この見出しのもとに分類されるかもしれない。同じくここに分類されるのは、漠然とした表現や不確定な指示の使用であり、私が家を二軒もっている場合に言う「私の家」とか、一つ以上のレースが予定されている場合に言う「私は今日のレースが中止になるほうに賭ける」が事例となる。

これは聞き手の側での誤解や理解の遅さとは異なる問題である。聞き手の受け取り方とは関係なく、儀式における欠陥が関与しているのだ。特有の困難を引き起こすものの一つとして、二つの集団が関与する場合に「意志の一致《コンセンスス・アド・イデム》」が必要かどうか、という問題がある。他の条件すべてと並んで、正確な理解を獲得することが不可欠なのだろうか？　いずれにせよ、これはあきらかにΓではなくBのルールに属する問題である。

B.2　手順は、すべての参与者によって完全に実行されなければならない。

これ〔への違反〕は障害である。手順を完遂しようと努めるものの、行為は実を結ばない。たとえば「私はあなたと六ペンスの賭けをする」と言っても、あなたが「よし、乗った」とか、それと同じ効果をもつ言葉で応じなければ、賭けをしようとする私の試みは実を結ばない。「誓います」と言っても、女性に「私は誓いません」と言われてしまえば、結婚しようとする私の試みは実を結ばない。「私はあなたに決闘を申し込む」と言っても、代理人を差し向けることをしそこなえば、決闘を申し込もうとする私の試みは実を結ばない。「私は本館を開館する」と言ってても、鍵が鍵穴のなかでポキンといってしまったら、図書館開館のセレモニーを行おうとする私の試みは実を結ばない。逆のパターンで、「私は本船を進水させる」と言う前にチョックを蹴飛ばしてしまっても、船の命名は実を結ばない。ここでもまた、手順における一定のゆるさが日常生活では許容されている——そうでなければ、大学の運営などとてもできたものではないだろう！

もちろんときには、さらに何らかのことがらが後続する必要があるのか否かについて、不確かさが生じるだろう。たとえば、私があなたに何か贈り物をしようとするとき、〔贈り物をするという行為が成り立つためには〕あなたがそれを受け取ることが必要だろうか？ フォーマルな贈呈では確かに必要だが、日常の場面でもはたしてそうか？ 似たような不確かさは、指名がなされたのに指名された人の同意がない場合にも生じる。ここでの問題は、行為というものはどこまで一方向的でありうるのか、ということだ。それと似て、行為はいつ完了するのか、いったい何をもって完遂とみなされるのか、という問題も生じる。(4)

これらすべてにおいて皆さんにお気づきいただきたいのは、私たちは以下のようなことから生じるかもしれない不適切さのさらなる次元を呼び起こしてきたのでは*ない*、ということである。たとえば、行為者が事実に関してたんなる思い違いをしているとか、〔参与者のあいだに〕事実に関する認識の不一致があるとか、ましてや意見の不一致があるとか、そういったことから生じうる不適切さである。たとえば、私があなたの損害になるようなことをするとあなたに約束し、その実行をあなたにたいする義務としてみずからに課すような慣習など存在しない。しかし、私が「私はお前を尼寺へ送ることを約束する」[*15]と言ったとしよう――これには、私はあなたにとってよいことだと思っているのにあなたはそう思わない場合もあれば、逆にあなたはよいと思うのに私はそう思わない場合もあり、さらには両者ともよいことだと思っているが実際にはやがてよくないことだとわかるかもしれない場合もある。私は不適切な状況で、存在しない慣習を呼び起こしたのだろうか？　言うまでもなく、そして一般原理の問題として、このような選択肢のあいだでは満足のいく選択はありえない。微妙なケースを処理するには、あまりに大ぶりな選択肢でしかないからである。通常のどんな分類にも正確にはフィットしない状況の込み入りようの全体をシンプルに説明してくれる近道は、ない。

　こんなふうに述べている私たちは、私たちが提示したルールをただずるずると撤回しつつあるように見えるかもしれない。しかし、それは違う。たとえ、ときに特定のケースで、どの不適切さが関わっているのかが不確かなことがあるとしても、不適切さにこれら六つの可能性があることはあきらかであり、少なくとも一定のケースにおいては、私たちが望むなら、それらをはっきり定義できる可能性がある。そして、私たちは過度の単純化を何としても回避しなければならない。ひとはそれを哲学者たちの職業病と呼びたくなる誘惑に駆られるかもしれない、ただしそれが哲学者の職務そのものでなかったとしたら。

原注

（1） もし私たちがここで、それが「存在する」かどうかが疑わしい、という言い方そのものに反対するとしたら——その言葉は、一般的には疑いなく正当な、目下流行中の不気味な感じを生じさせるから、これはありうることだ——、〔それにたいしては〕こう言えるかもしれない。すなわち、手順自体は疑いなく存在して受け入れられているのであって、その疑いはむしろ手順の正確な性質や定義、理解といったことに関するものなのだ、と。

（2） この種の可能的な手続きや表現の多くは、そうと認識されたら不都合なものになる。たとえば、私たちは、もしかしたら「私はあなたをぶちのめすことを約束する」という表現を許容すべきではないのかもしれない。しかし、私は学生のあいだで決闘が盛んだった時代のドイツのある学生クラブで〔決闘のさい〕次のようなことが習慣になっていた、という話を聞いたことがある。そのクラブとライバルのクラブのメンバーがそれぞれ一列になって互いに行進するのだが、各メンバーは敵方のメンバーの誰かを選んで、彼と行き違うとき、たいへん慇懃に“Beleidigung”すなわち「俺はお前を侮辱する」と言う、というのである〔訳注：ただし、“Beleidigung”は名詞なので、むしろ「侮辱」という言葉を投げつけるような様子をイメージするほうが正確なようにも思える。とはいえ、「侮辱」という言葉を明示的に発することで侮辱するという言語行為を行うことに変わりはなく、やはり本文での議論にたいする一種の例外事例ではある〕。

（3） 〔「非作動」は、オースティンがひところ不適切さのカテゴリーA.1にあてていた名称である。彼はのちにこれを却下したが、ノートのこの箇所には残されている。J・O・U〕〔訳注：第II講の原注（2）も参照されたい〕

（4） たとえば、贈り物を〔すると言ったのに〕相手に渡しそこなったら、それは贈り物をするという行為るかもしれない。を完遂することに失敗したのか、それともΓタイプの不適切性になるのか、という疑念も生じることにな

訳注

＊1　ここで念頭に置かれているのは、おそらく「タラーク」というイスラム教の離婚の一方法で、夫が妻に「タラーク（離婚する）」と宣言することで、妻の意思と関係なく離婚が成立する、というもの。ただし、一度では駄目で、一定期間を置いて三度言う必要があるとか、結婚のときに取り決めた慰謝料はきちんと支払わなければならない、といった条件もあるという。

＊2　第二版では、以下は次のように変更されている。「……ありうる。しかし、A.2やBに分類することは一般的なルールとしては機能しないのであり、そこで以下のことをあきらかにしておくのが重要である」。

＊3　第二版では、ここはたんに「B」となっている。

＊4　第二版では、このあとに「A.2に抗して」と挿入されている。しかし、以下の内容からすると、ここはむしろ「A.1に抗して」とすべきではないかと思われる。

＊5　ラグビーの起源にまつわる逸話。一般には「一八二三年、イギリスのラグビー校でのフットボールの試合中、ウィリアム・エリスという少年がボールを手に抱えてゴールを目指した」という出来事がラグビーの起源として語り継がれている。

＊6　第二版では、この文は次のように変更されている。「手順が受け入れられていないというよりも、そもそも手順が存在しないと私たちが言明しそうな、起こりうるケースを考えてみよう」。

＊7　explicitを「明示的」とするので、対応してimplicitを「黙示的」とする。これは、たんに「遂行的動詞が言語形式として明示されず、暗黙のうちに示されている」というあり方を表すだけの語であり、「黙示」にまつわる宗教的なイメージは脱色してご理解いただきたい。

＊8　原文は「始まるか」だが、英語とは逆に日本語では遂行的動詞は文の最後に来るので、「終わるか」とした。

＊9　第二版では、この部分は「一義的でも明示的でもないとはいえ」と変更されている。

＊10　カトリック教会の用語で、神のごとき完璧な徳を目指しなさい、という教えのこと。転じて、実行不可能な理想のことも言う。

＊11　シェイクスピア『ヴェニスの商人』をふまえた例。ユダヤ人の金貸しシャイロックが商人アントーニオに言う、「違約金がわりに、あんたのその真っ白な体からきっかり一ポンド、私の好きな部分を切り取ると明記していただきたいんだが」（『ヴェニスの商人』松岡和子訳、『シェイクスピア全集』第一〇巻、筑摩書房（ちくま文庫）、二〇〇二年、三八頁）。

＊12　本講五三―五四頁の「ジョージの例」が出てくる段落。ちなみに、以下、この種の訳注は、前段のどこを指しているのか、にわかにはわかりにくい（よく考えてもわかりにくいものもあるが）箇所についてのみ、つけることにする。

＊13　第二版では、このあとに「(A.2)」と挿入されている。

＊14　第二版では、このあとに「(B.1)」と挿入されている。

＊15　シェイクスピア『ハムレット』の名台詞をふまえた例。ハムレットが恋人オフィーリアに言う「尼寺へ行け」の原文は "Get thee to a nunnery". で、ここでのオースティンの原文は "I promise to send you to a nunnery".

第Ⅳ講〔不適切さ――悪用〕

前回、私たちは**不適切さ**の諸ケースについて考えたが、そこで取り扱ったのは次のようなものであった。すなわち、手順が何ら存在しない、もしくは受け入れられた手順が存在しないケース、適切でない状況で手順が呼び起こされたケース、そして手順が間違えて、あるいは不完全に実行されたケースである。さらに、これらの不適切さは特定のケースにおいて互いに重なり合いうること、そしてそれらは一般に、おそらくはすべての発話が陥《おちい》りがちな不適切さである**誤解**、そして**間違い**とも重なり合うことを指摘した[*1]。

残るタイプのケースは、Γ.1とΓ.2における不適切さ、すなわち不誠実および違約もしくは不履行（breaches）である[(1)]。ここでは行為は空虚ではないのだが、それでもやはり不適切だ、と私たちは言う。

まずは定義を繰り返させていただきたい。

Γ.1：よくあるように、その手順が一定の思考、感情、あるいは意図をもつ人物によって行われるようになっている場合、また参与者の誰かの側で一定の後続的なふるまいが開始されるようになっている場合、参与して手順を発動する人物は実際にそうした思考、感情、あるいは意図をもっていなければならず、また〔他の〕参与者たちも自身そのようにふるまうことを意図しなければならない。

Γ.2：そして、参与者たちは引き続き実際にそのようにふるまわなければならない。*2

1　感情（*Feelings*）

必要な感情を欠いている事例は、次のようなものである。

「あなたを祝福します（I congratulate you）」と言っておきながら、じつはまったく喜んでおらず、ひょっとしたらむかついてすらいるような場合。

「お悔やみ申し上げます（I condole with you）」と言っておきながら、じつは相手にまったく同情していない場合。

ここでの状況は申しぶんなく、行為も遂行されていて空虚ではないのだが、しかし実際には不誠実である。抱いている感情からすれば、私には祝福したり哀悼したりする資格はない。

2　思考（*Thoughts*）

必要な思考を欠いている事例は、次のようなものである。

「私は……〔する〕よう、あなたに助言する（I advise you to）」と言っておきながら、その方策が相手にとって最も役立つとは思っていない場合。

「私は彼を無罪と評決する――無罪を言い渡す」と言っておきながら、じつは彼は有罪だったと信じている場合。

これらの行為は空虚ではない。私は現に助言し、評決を下しているのだが、しかしそれらは不誠実なのである。これらと主張的な（assertive）タイプの言語行為（speech-act）の遂行における嘘とのあいだには、あきらかにパラレルなありようが見出される。

3　意図（*Intentions*）

必要な意図を欠いている事例は、次のようなものである。

「私は約束する」と言っておきながら、約束したことを実行する意図がない場合。

「私は賭ける」と言っておきながら、〔負けても〕払う意図がない場合。

「私は宣戦布告する」と言っておきながら、戦う意図がない場合。

私はここで「感情」、「思考」、そして「意図」という言葉を、専門用語としてではなく、一定のゆるい仕方で使っている。しかし、いくつかのコメントは必要である。事例はかならずしも容易に区別できるものではない。そしてともあれ、もちろんのこと、互いに融合することもありうるし、むしろ通常は融合しているものである。たとえば「あなたを祝福します」と言う場合、私たちは本当に、あなたはよくやったとか、賞賛に値するといった感情を、あるいはむしろそういう思考を、もたなければならないのか？　それはたいへん立派なことだという思考を、あるいはそういう感情を、もっているのか？　ふたたび約束のケースを見てみると、確かに私は意図をもたなければならない。しかし、私はまた、約束したことが実行可能であるとか[*3]、相手はそのことを自分にとってよいことだと考えているだろうとか、〔実際に〕それは相手にとってよいことだとか、そういった思考ももたないといけないのである。

（1）〔それらのあいだの〕区別はかなりゆるやかなものなので、

（2）[*4] 私たちは、これこれである――たとえば被告人は有罪だった、犯行は彼によってなされた、栄誉は彼のものだった、その手柄は彼によってなされた――と本当に考えることと、考えたことが本当にそのとおりで、思考が間違いではなく正しいものであることを区別しなければならない。（似たようにして、私たちはこれこれの感情を本当にもつことと感情が正当化されることを、そして本当に意図することと意図したことが実行可能であることを区別することができる。）しかし、思考はとりわけ興味深い、言い換えれば困惑へといざなうケースである。そこには不誠実さがはらまれているが、これは嘘をつくことの本質的な要素であり、たんに事実として偽であることを言うのとは異なる。「無罪だ」と言ったのに犯行は彼によってなされたと考えているとか、「祝福します」と言ったのに手柄は彼によってなされたのではないと考えている、といったものが、その事例だ。しかし、そう考えることにおいて、私は実際には間違えている〔つまり、言っていることは偽や間違いではない〕かもしれないのである。

もし私たちの思考の少なくとも一部が（不誠実と対比されるいみで）不正確だとしたら、そこから不適切さ、もちろん別の種類の不適切さが生じてくるかもしれない。

（a）私は、実際には私のものではないもの（私はそうだと考えている）を譲渡するかもしれない。これは「**誤適用**」、すなわち状況、対象、人物、等々が譲渡の手順にたいして適切でないケースと言えるかもしれない。しかし、前に私たちが言ったことを思い出さなければならない。確かに**不適切さ**と言えそうなものであっても、しかし間違いや誤解から生じる次元のそれらについて、私たちは全体的に除外することにしたのだった。[*5] 間違いは行為をおしなべて空虚にするわけではなく、弁解可能（*excusable*）にすることもある、という点を心にとめておくべきだろう。

（b）「私はあなたにXをするよう助言する」は遂行的発話だが、次のケースを考えてみよう。私はあなたのためになると考えて、あることを行うよう助言するのだが、私の考えに反して、じつはそれはまったくあなたのためにならないことなのである。このケースは、私の助言行為が空虚もしくは空虚化可能かもしれないと考えさせるいかなる誘惑もなく、また同じく不誠実と考えさせる誘惑もないという点で、（1）（2）とはまったく異なっている。その代わり、私たちはここでふたたび、〔遂行的発話を〕批判するまったく新しい次元を導入する。すなわち、この種のものを駄目な（*bad*）助言として批判するのである。[*6]〔ここまで挙げてきた〕私たちの方式すべてにおいて適切もしくは適正だからといって、その行為がどんな批判からも免じられるわけではない。この点には、またあとで戻ろう。

（*c*）[*7] 以上二つのケースよりさらに難しいものもあるが、それについても〔くわしくは〕のちほど立ち戻って考える。遂行的発話の一つの種類として、私が判定型（*verdictives*）と呼ぶものがある。たとえば「私は被告人が有罪だと評決する」とか、あるいはたんに「有罪」と言うとか、審判による「アウト」とか、そういった発話のことである。私たちが「有罪」と言う場合、被告人の犯行であることを示す証拠のもとで誠実に考えたうえでのものなら、これはある点で適切な発話である。しかし、もちろん手順の核心は、あるいみで、正確であるという点に存するのであり、前述〔駄目な助言〕と同様に、これはほとんど意見の問題でさえないのかもしれない。たとえば、審判の発話「オーバー」はオーバー[*8]を終結させる。しかし、ここでもふたたび「駄目な」判定があるかもしれない。それは正当化されていない（陪審員）のかもしれないし、不正確（審判）なのかもしれない。ともあれ、これはたいへん不適切な状況である。しかし、それでも私たちが考えてきた不適切さのいみからすれば、これは不適切ではないのである。それは空虚〔無効〕ではないし（審判が「アウト」と言えば打者はアウト、審判の決定が最終決定だ）、不誠実でもない。これらは差し迫った難点であるけれども、しかしいまは深入りするのを避け、不誠実さを際立たせることだけに専念しよう。

（3）意図のケースについても、一定の特有なやっかいさがつきまとう。

（*a*）私たちがすでに疑念を表明したように、[*9] 何が引き続いての行為になり、何が一つの単独の行為全体の完結もしくは完成〔にあたる部分〕にすぎないのか。たとえば、以下のような二つのあいだの関係を確定するのは困難である。

「私は譲渡する」と所有物の引き渡しのあいだ、

「（この女性を妻とすることなどを）誓います」と結婚の完遂のあいだ、

「私は売る」と販売の完了のあいだ。

ところが、約束の場合なら、この種の区別をつけることは容易である。そこで、それと似たようにして、次のような区別をいろいろな仕方でつける可能性があることになる。すなわち、引き続いての行為を遂行するのに必要な意図と、いま行っている行為を完結させるのに必要な意図との区別である。しかし、これは不誠実さの概念に何か原理上の困難をもたらすようなものではない。

（*b*）すでに大まかに行ったように、[*10] 一定の意図をもたなければならないケースと、さらなる行為を行うことを意図しなければならないより特定的なケースが、区別される。後者は、当の手順の使用がそうした後続行為を（義務づけるか、許可するかして）開始させるようにきちんと設計されているケースである。この、より特定的な手順の例としては、もちろんある行為の遂行を請け負うことがあるし、またおそらく命名もそうだろう。この種の手順が存在することの眼目ははっきりしていて、それはすなわち一定の後続行為を適正なもの、それ以外の行為を適正でないものとして、確実に位置づけることにある。そしてもちろん、たとえば法的表現にともなうようなたくさんの目的において、この目標はますます実現へと近づいていくのである。しかし前者のケースは、そう簡単にはいかない。たとえば、私はただ「……するつもりだ（I shall...）」とだけ言うことによって私の意図を表明することができる。不誠実になりたくないなら、私はもちろん発話の時点においてその意図をもっていなければならない。しかし、では私がその後そのことをしなかったら、その不適切さの度合いや様式は正確に言ってどういうものになるのか？ また、「歓迎いたします（I bid you welcome）」と歓迎の言葉を言う際には、ある種の意図がおそらくは漠然としたものであれ必要なのだろうが、しかしそのあと私がぞんざいにふるまったとしたら、いったいどうなるのか？ さらに例を重ねれば、私があなたに助言し、あなたがそれを受け入れ、しかし次いで私があなたを非難し始めたとしたら、いったいどのあたりまでが義務的に禁じられたことなのだろうか？それとも、たんに、そんなことをするのは「期待されていない」だけなのか？ あるいは、助言のやりとりということには明確に、そのような後続行為が適正でないことが含まれているのか？ あるいは、似た例として、私があなたにあることを懇願し、あなたがそれに応じてくれて、すると私があなたに抗議したとしたら——私はまともでないのだろうか？ おそらくは、そうだ。しかし、たとえば「私は許す（I forgive）」を「私は赦免する（I pardon）」に言い換えたり、「私はするつもりだ（I will）」を「私は意図する」や「私は約束する」に言い換えたりするように、この種のことがらをより明確にしようとする傾向がいつでもあることも事実なのである。

遂行的発話が不適切になりうるいろいろな仕方、そしてその結果、その「行為」がたんに自称された、もしくは詐称された、等々に終わる仕方については、だいたいこのくらいにしておこう。さて、このことは一般に、もし皆さんが専門的な言い方を好むなら、次のように言うのに等しい。すなわち、発話が適切であるためには、一定の条件が満たされなければならない——一定のものごとがそのようでなければならない、と。そして、このことはあきらかに私たちを、ある遂行的発話が適切であるためには一定の言明が真で**な**け**れ**ばならない、と言うことにコミットさせる。これはことがら自体としては疑いなく、私たちの探究のきわめてトリヴィアルな帰結である。ということで、少なくともここまで見てきたような不適切さを避けるためには〔次の問いを考えなければならない〕、

（1）これら真でなければならない言明とは何なのか、そして

（2）それらと遂行的発話の関係について、何か興味をかき立てるようなことが言えるだろうか。

最初の講義〔の末尾〕で述べたことを思い出していただきたい。「私は約束する」と言うと

き、私たちは、あるいみで、もしくはある仕方で、たくさんのものごとがこれこれであるということを含意しうるが、しかしそれは、「私は約束する」という発話はそれらがこれこれであると述べる真または偽となる言明であると言うこととはまったく違う。行為が適切であるなら真でなければならない、いくつかの重要なことを取り上げてみよう（〈いくつかであって〉全部ではない——が、これらに限っても、いまや十分に退屈かつトリヴィアルに見えるだろう。私はそう望む、なぜなら、そのことはそろそろ「明白」を意味するようになってきただろうから）。

さて、たとえば私が「私は謝罪する」と言って実際に謝罪をしていて、だから私もしくは彼が明確に謝罪していると言える場合、そこでは

（1）私が何かをしている（した）ということは真であって偽ではない——この何かとは実際おびただしい数のことであるが、とりわけ私が謝罪している（謝罪した）ということである。

（2）一定の条件、とりわけ私たちの**ルールA.1**と**A.2**で特定されているものが成り立っていることは真であって偽ではない。

（3）私たちのΓに属する一定の他の条件、とりわけ私が何かを思考しているということは真であって偽ではない。そして

（4）私が引き続き何かを行うことにコミットしているということは真であって偽ではな

い。

さて、厳密に言って、そして重要なことでもあるが、「私は謝罪する」がどのようないみで、これらそれぞれが真であることを含意しているかといえば、それはすでに説明されているのである——私たちはまさにそのことを説明してきたのだ。しかし、興味深いのは、遂行的発話におけるこのような「含意」と、遂行体と対比され、〔哲学者たちに〕好まれてもきた発話のタイプ、すなわち遂行体とは違い、それ自体として真または偽となる言明もしくは確認的発話の領域で比較的近年発見された「含意」とを、比べてみることである。

（1）から取り上げよう。「私は謝罪する（I apologize）」という発話と、私が謝罪しているという事実のあいだの関係とは、どういうものなのか。ここで見るべき大切なことは、これは「私は走っている（I am running）」と私が走っているという事実のあいだの関係（あるいは、それが純粋な「たんなる」報告ではないとすれば——「彼は走っている（he is running）」と彼が走っているという事実のあいだの関係）とは違う、ということである。英語では、この違いに目印があって、遂行的な表現では進行形ではない現在時制が使われる。とはいえ、あらゆる言語でこういう目印があるわけではないし——現在進行形をもたない言語もあるのだから——、英語にしてもいつも目印がつけられるわけではない。

こうは言えるかもしれない。通常のケース、たとえば走ることの例で言えば、彼が走っているという事実があって、それが彼は走っているという言明を真にする。言葉を変えて繰り返せば、「彼は走っている」という確認的発話の真理は、彼が走っているという事実に依拠している。それにたいして、私たちの〔遂行的発話の〕ケースでは、「私は謝罪する」という遂行体の適切さがあって、それが私が謝罪していることを事実にしている。だから、私が成功裏に謝罪しているという事実のほうこそが、「私は謝罪する」という遂行的発話の適切さに依拠しているのである。このことは、「遂行的‐確認的」の区別――行うことと言うことの区別――を正当化するかもしれない一つのやり方である。

それでは次に、ある言明が他の一定の言明の真理を含意するたくさんの仕方のなかから、三つを取り上げて考えてみよう。言及するうちの一つは、古くから知られてきたものである。一方、他の二つは、きわめて最近になって発見された。しようと思えばできるのだが、ここではことをあまりテクニカルに扱わないようにしよう。私が言及するのは、乱暴に言ってしまえば、「事実的」言明の連言を発話することにおいてしくじりうる仕方は、たんに矛盾によってしくじる仕方より数多くある、という発見である（とはいえ、矛盾のほうも定義と解明の両方を必要とする、[*11]込み入った関係ではあるのだが）。

1　論理的に含意する（*Entails*）

「すべての男は赤面する」は「幾人かの男は赤面する」を論理的に含意する。私たちは「すべての男は赤面するが、どんな男も赤面しない」とか「猫はマットの下にいて、かつその猫はマットのおもて面の上にいる」とか「猫はマットの上にいて、かつその猫はマットの上にいない」と言うことはできない。なぜなら、それぞれのケースにおいて、最初の節は二番目の節と矛盾することを論理的に含意するからである。

2　発話的に含意する（*Implies*）

「猫はマットの上にいる」と発話することは、G・E・ムーアがまさに着目した「含意する」のいみで、私がそのように信じていることを含意する。[*12] 私たちは「猫はマットの上にいるが、私はそのことを信じない」と言うことはできない。（現実には、これは「含意する（implies）」の日常的な用法ではないのだが。日常の「含意する」は実際はもっと弱いもので、「彼は私がそれを知らないことをほのめかした（implied）」とか「あなたは自分がそれを（信じているのとは違ういみで）知っているとにおわせた（implied）」といった使われ方をする。）

3　前提する（*Presupposes*）

「ジャックの子供たちはみんなハゲだ」は、ジャックには何人かの子供がいることを前提する。私たちは「ジャックの子供たちはみんなハゲだが、ジャックに子供はいない」とか「ジャックに子供はいないが、ジャックの子供たちはみんなハゲだ」と言うことはできない。

　これらのケースのすべてにおいて、道を踏み外している印象が共通している。しかし、それらのあいだには大きな違いがあるのだから、私たちは「発話的に含意する」とか「矛盾」といった包括的な用語（だけ）でことを済ませてはならない。猫を殺すには、バターで溺れさせる以外にも、いろいろな方法がある。[*13] しかし、この多様性は（ことわざが示唆するように）私たちが見逃しがちなことである。発話が道を踏み外すには、たんに矛盾による以外にも、いろいろな仕方がある。中心的な問いは、こうなる。そういう仕方はいくつあるのか、なぜそれによって発話は道を踏み外すのか、そしてどういうところに踏み外しはあるのか。

おなじみの仕方で、三つのケースを対比してみよう。

1　論理的に含意する

もし p が q を論理的に含意するなら、$\sim q$（q ではない）は $\sim p$（p ではない）を論理的に含意する。「猫はマットの上にいる」が「マットは猫の下にある」を論理的に含意するなら、「マットは猫の下にない」は「猫はマットの上にいない」を論理的に含意する。ここでは、ある命題の真理はさらなる命題の真理を論理的に含意している、もしくは、ある命題の真理は別の命題の真理と矛盾する。

2　発話的に含意する

これは（1とは）違う。猫はマットの上にいると私が言うことは、私がそう信じていることを発話的に含意するとしても、猫はマットの上にいると私が信じていないことは、猫がマットの上にいないことを発話的に含意しない（日常の日本語では）。またしても、ここで私たちが関わっているのは命題のあいだの矛盾の関係ではない。〔命題としては〕それらは完全に両立可能である。猫がマットの上にいるのと同時に私がそれを信じていないというのは、ありうることなのだから。しかし一方、「猫はマットの上にいるが、同時にマットは猫の下にない、ということはありうる」と言うことはできない。つまり、ここでも「猫はマットの上にいる」と言うことは「私はそれを信じない」と言うことと両立不可能になっている。主張することは、信念を発話的に含意するのである。

3　前提する

これまた論理的含意とは異なる。「ジョンの子供たちはハゲだ」はジョンに子供たちがいることを前提するが、だからといってジョンに子供が一人もいないことがジョンの子供たちがハゲでないことを前提するわけではない。さらに言うなら、「ジョンの子供たちはハゲだ」と「ジョンの子供たちはハゲではない」は、両方とも同じように、ジョンに子供たちがいることを前提している。しかし、「猫はマットの[*14]上にいる」と「猫はマットの上にいない」が両方とも同じように猫がマットの下にいることを論理的に含意する、などということはない。

まず「発話的に含意する」を、それから「前提する」を、もう一度よく考えてみよう。

発話的に含意する

「猫はマットの上にいる」と言ったのに〔じつは〕猫がマットの上にいるとは信じていないとしたら、何と言うべきだろうか。あきらかに、これは不誠実のケースである。言葉を変えてみよう。つまり、ここで不適切さが冒しているのは言明なのだが、しかし、にもかかわらず、それは意図や信念などをともなわない「私は……と約束する」に感染するのとまったく同じ不適切さなのである。主張における不誠実さは、約束における不誠実さと同一なのだ。[15]「私は約束するが、それをするつもりはない」は「それは事実だが、私はそれを信じない」とパラレルであり、行う意図がないのに「私は約束する」と言うことは、信じていないのに「それは事実だ」と言うこととパラレルである。

前提

次に、前提について考えよう。ジョンには子供がいないにもかかわらず「ジョンの子供たちはみんなハゲだ」という言明がなされたとしたら、何と言われるべきだろうか。現在では、それは指示対象を欠くのだから偽ではない、と言うのがふつうになっている。[16]真になるにせよ偽になるにせよ、指示対象は必要だからである。(では、〔指示対象がないと〕無意味になるのか？　あらゆるいみにおいて無意味、というわけではない。「意味を欠く文」とは違って、非文法的でも、不完全でも、ちんぷんかんぷん等々でもない。）人びとは言う、

「〔真か偽かという〕問題は、そもそも起こらない」と。私としては、ここでは「その発話は空虚〔無効〕である」と言おう。

このケースを、「私は……と命名する」と言ったのに（A.1）や（A.2）の条件のいずれかが満たされていない場合の不適切さと比較してみよう（おそらく、とりわけA.2においてこれは生じるが、しかし〔A.1でも〕同じように生じる——A.1におけるのとパラレルな前提が言明にも存在するのだ！）。これらについて、私たちは「前提」という表現を用いて〔説明して〕もよかったかもしれない。「誓います」という表現はたくさんのことを前提する、といったように。それらの前提が満たされていなければ、その表現は不適切に、そして空虚になる。参照書類（reference）を欠く（あるいは、それがあやふやであっても）契約が成立しないのは、指示対象（reference）を欠く言明が成立しないのと同様である。似たように、あなたがある件について私に助言する立場にないとしたら、その助言のよしあしに関する問題は持ち上がらない。

最後に、論理的含意〔のケース〕において一つの命題がもう一つの命題を論理的に含意するのとよく似た仕方で、「私は約束する」は「私はすべきである」を論理的に含意しているのかもしれない。同じではないにしても、パラレルなのだ。「私は約束するが、〔約束したことを〕すべきではない」は「そうだが、そうではない」とパラレルであり、「私は約束する」と言いながらその行為をしないのは「そうだ」と言いながら「そうではない」と言うのとパラレルである。主張の内部に矛盾があったら主張の目的は果たされない（私たちは同化と対立化を同時に行っていることになり、〔主張の〕手順全体を駄目にしてしまう）のとちょうど同じように、もし「私は約束するが、〔約束したことを〕すべきではない」と言ったら、契約の目的は果たされない。この発話は、あなたを拘束すると同時に、その拘束を拒絶する。それは自分で自分を駄目にする手順なのだ。一つの主張は別の一つの主張へ、一つの行為は別の一つの行為へと、私たちを拘束する。それればかりでなく、pがqを論理的に含意するなら~qが~pを論理的に含意するのと同じように、「私はすべきでない」は「私は約束しない」を論理的に含意するのである。

以上をまとめれば、私たちは、言明に際して何がうまくいかなくなりうるかを説明するには、伝統的なやり方のように言明に含まれる命題〔命題なるものが何であれ〕に注意を集中させるだけでは立ちゆかないことを見出した。言明と遂行的発話のあいだに見られるパラレルなありようや、それぞれがうまくいかなくなりうる仕方をきちんと見ようとするなら、発話がなされる全体的な状況——全体的な言語行為（the total speech-act）——を考慮に入れなければならない。あるいは、ことによると言明と遂行的発話のあいだには、それほどの違いはないのかもしれない。[*17]

原注

（1）三八頁および、そこでの注を参照されたい。

（2）［これは七二頁の〔見出し「（1）」に含まれる〕事例ではなく、おそらく七〇頁の〔見出し「1　感、情」に含まれる〕事例に言及しているものと思われる。原稿には何も指示はないのだが。J・O・U」〔訳注：編者アームソンはこのように推測しているが、第二版ではこの注は削除され、その代わり、本文の（1）が（a）に変更されている。つまり、第一版と第二版では「私はあなたにXをするよう助言する」に対置される事例についての解釈が変更されており、前者が七〇頁の（感情を欠いた）「あなたを祝福します」、「お悔やみ申し上げます」としているのにたいして、後者は直前の「実際には私のものではないもの（私はそうだと考えている）を譲渡する」事例だとしている。本文では（自分では相手のためになると考えているが、じつは相手のためにならない）「……するよう助言する」は空虚にならないので前の例とは違う、とされていることから考えると、第二版の解釈のほうが筋が通っている。口だけの祝福やお悔やみは確かに不誠実だが空虚にはならないのにたいして、自分のものでないものを譲渡するのはあきらかに空虚（無効）な行為だからである〕

訳注

＊1　第二版では、この部分は次のように加筆されている。「……そしてそれらは一般に、（*a*）おそらくはすべての発話が陥りがちな不適切さである**誤解**、そして、（*b*）**間違い**、および強制のもとに行為することとも重なり合うことを指摘した」。

＊2　オースティンは繰り返しと言っているが、三五—三六頁を見ればわかるように、Γ.1、Γ.2ともに文面は初出といくぶん異なっている。細部が微妙に違うだけなら前講での繰り返し（A.1—B.2）も同様なのだが、ここではΓ.1のなかで思考と感情に加えて「意図」が挙げられている点が、実質的な追加として目立つ。

＊3　第二版では、ここに次のような補足が挿入されている。「（たんに試みようというのではなく、実行しようという意図をもたなければならない）」。

＊4　第二版では、このあとに「思考のケースについて言えば、」という語句が挿入されている。

＊5　ここで言う「除外」は、おそらく四二頁にある（2）の（i）で述べられていることを指す。

＊6　第二版では、このあとに次のような一文が挿入されている。「いろいろないみで、これは助言なるものについて言いうる最悪のことである」。

＊7　この見出しは、第一版では「(3)」となっている（したがって、次の「(3)」は第一版では「(4)」である）。しかし、書き出しや内容を見れば一目瞭然なように、ここでの議論は（a）、（b）と並列のものであり、それらとともに、（2）にくくられるべきものである。したがって、第二版で「(c)」に変えられているのは変更というより誤記修正と判断し、他の誤記・誤字修正と同様、本文自体を修正した。次の「(3)」も同様。

＊8　クリケット用語で、投手が連続して投げられる投球数のこと。ふつうは六球の投球が終わると審判が「オーバー」とコールして一つのオーバーが終了し、次の投手による投球に移る。

＊9　これは、おそらく六四頁の第二段落で表明されている疑念を指す。

＊10　これは、おそらく七二頁の「3　意図」の（1）、特にその後半部分で言及されていることを指す。

＊11　第二版では、このあとに「そして、それらを与えられるかもしれない」という語句が挿入されている。

＊12　いわゆる「ムーアのパラドックス」に関連する事象。ムーアは著作のいくつかの箇所でこの件に言及しているが、たとえば一九四四年の論文「ラッセルの記述理論」では、次のように言っている。「……「私は彼が出ていったと信じている、しかし彼は出ていっていない」といったことを言うのは馬鹿げている。〔しかし〕これは馬鹿げているにもかかわらず、自己矛盾ではない。なぜなら、それは真であってもまったくおかしくないからだ〔これが「ムーアのパラドックス」である〕。しかし、ではなぜ馬鹿げているかと言えば、「彼は出ていっていない」と言うことによって、私たちは彼が出ていったと自分たちが信じていないことを含意するからである。〔ただし〕私たちはそう主張しているわけでもなければ、主張し

ていることからそれが帰結するわけでもないのだが」(George Edward Moore, *Philosophical Papers*, New York: Collier Books, 1962, p. 173. 強調は原文、〔　〕内は訳者)。

＊13　「ものごとにはいろいろなやり方がある」という趣旨のことわざ。

＊14　ここでなぜ「猫がマットの下にいること」という話になるのか、よくわからない。あるいは、これは「マットが猫の下にあること」の間違いなのかもしれない。それなら、直前の「ジョンの子供たちは……」の例との対比もある程度、成り立つように思われる(「ジョンの子供たち」のほうは肯定も否定もジョンの子供たちの存在を前提するが、「猫」のほうでは肯定のほうしか「マットが猫の下にあること」を論理的に含意しない)。

＊15　第二版では、この一文に「、なぜなら、約束することも主張することもともに、一定の思考をもつ人物によって用いられるように意図されている手順だからである」と付け加えられている。

＊16　第Ⅱ講の訳注＊7で触れた、ストローソンの確定記述理論をふまえている。

＊17　第二版では、この最後の一文は次の文に差し替えられている。「こうして、全体的な発話状況における全体的な言語行為というものが、特別なケースにおいて重要なものとして、論理的な分析から徐々に浮上してくる。こうして私たちは、確認的発話と考えてきたものを遂行的発話に同化させつつあるのだ」。

第V講〔遂行体の条件として考えうるもの〕

前講の最後で、私たちは遂行的発話と言明の関係をめぐる問題を再考した。後者にはいろいろな種類があるが、いずれも確実に真または偽になるものである。とりわけ注目すべきものとして言及したのは、以下の四つの関係であった。

（1）「私は謝罪する」という遂行的発話が適切だとすれば、私は謝罪しているという言明は真である。

（2）「私は謝罪する」という遂行的発話が適切になるとすれば、一定の条件——特にルール**A.1**と**A.2**に属する条件——が成り立っているという言明は真でなければならない。

（3）「私は謝罪する」という遂行的発話が適切になるとすれば、他の一定の条件——特にルール$\Gamma.1$に属する条件——が成り立っているという言明は真でなければならない。

（4）少なくとも、ある種の、たとえば契約的なたぐいの遂行的発話が適切だとすれば、私は引き続きある特定のことをすべきである、もしくはすべきでない、という形式[*1]をとる言明は真である。

このうち二番目のものと、遂行体と対置される言明のケースで見られる「前提」と呼ばれる現象とのあいだには、ある類似性を見出すことができるし、もしかしたら同一性すら見出せるかもしれない、と私は述べた。また、これらの関係の三番目のものと、言明のケースで「発話的な含意」と呼ばれる（ときにそう呼ばれるが、思うにこれは正確な呼び方ではない）現象とのあいだにも同様の関係がある。これら前提および発話的な含意は、ある言明の真理が他の言明のそれと重要な結びつきをもちうる二つの仕方だが、強迫観念的な論理学者たちに偏愛されてきた唯一の仕方、すなわちある言明が他の言明を論理的に含意するということとは別ものである。言明のあいだの論理的な含意に似ていると理解されるかもしれない唯一の関係は――どれほど十分に似ているかはともかくとして――、最後の四番目のものだけである。「私はXすると約束するが、それを行う義務を負っていない」は、確かに「私はXすると約束するが、それをするつもりはない」よりも自己矛盾――それがどんな矛盾であれ――に似て見える。また、「私はpする義務を負っていない」は「私はpすると約束しなかった」を論理的に含意するようにも思われるし、ある一定のpを主張することがある一定のqを主張することへ〔論理的な含意として〕拘束することは、Xすると約束することがXすることへ拘束するのとよく似ているようにも思われる。しかし、私はこの最後の点については、そこにパラレルな構図があるともないとも言おうとは思わない。言っておきたいのはただ、少なくとも他の二つのケースでは非常に近しいパラレルな構図がある、ということだ。

そして、これは少なくともある面において、私たちの出発点である暫定的な区別、すなわち確認的発話と遂行的発話の区別が崩壊する危険があることを示唆するのである。

　しかしながら、私たちは、確認的発話は真または偽となり、遂行的発話は適切または不適切になるという、そもそものアイデアに立ち戻って、この区別こそ最終的なものだと〔あらためて〕確信をかため、そこに立てこもるかもしれない。「私は謝罪する」が適切であることに依拠して成り立つ私は謝罪しているという事実と、ジョンが走っているのが事実あるいは実状であることにその真理を依拠する「ジョンは走っている」という言明のケースを対比していただきたい。しかしあるいは、これらを対立させるのはあまり健全なことではないかもしれない。というのも、まず言明のほうから見てみると、「ジョンは走っている」という発話（確認体）とつながりをもつものとして「私はジョンが走っていると言明している」という言明があり、これは「ジョンは走っている」〔という発話〕が適切であれば真になるわけだが、それはちょうど「私は謝罪している」が「私は謝罪する」が適切であれば真になるのと同じだからである。次に遂行体を見てみると、「私はあなたに、雄牛が突きかかってきそうであることを警告する」という遂行体（私はそうだと推定する）とつながりをもつものとしては、もし実際にそうだとして、雄牛が突きかかってきそうだという事実がある。もしそうでないとしたら、発話「私はあなたに、雄牛が突きかかってきそうであることを警告する」は批判にさらされることになる――ただし、それは私たちがここまで不適切さのあれこれとして特徴づけてきたどれとも違う形での批判である。このケースについては、警告は空虚だった――すなわち、警告は行われておらず、警告の形がなぞられただけだった――と言うべきではないし、不誠実だったと言うべきでもない。〔むしろ〕言明と同じように、警告は偽もしくは（よりうまく言えば）間違いだった、と言いたくなってしかるべきである。かくして、適切・不適切という〔区別の〕タイプについての考察は言明（もしくは一部の言明）に侵入するかもしれず、また真偽という〔区別の〕タイプについての考察は遂行体（もしくは一部の遂行体）に侵入するかもしれないのである。

そこで、私たちはさらに歩みを進め、比較の精度という荒野へと踏み入っていかねばならない。問われるべきことは、こうだ。遂行的発話を確認的発話から決定的に区別しうる何らかの正確な方法はあるか。そして、とりわけ、当然ながらまず問われなければならないのは、遂行的発話を区別する何らかの文法的な（もしくは語彙的な）基準があるのかどうか、である。

これまで私たちが考察してきたのはほんの少数の典型的な遂行体の事例だけで、それらはすべて一人称・単数・現在形・直説法・能動態の動詞をそなえたものであった。これはちょっとしたずるだったのだが、それにもしかるべき理由があったことは、すぐあきらかになるだろう。事例は「私は命名する」、「私は誓う」、「私は賭ける」、「私は譲渡する」である。なぜこれらが最もよくあるタイプの明示的遂行体なのかといえば、かなり明白な理由があるのだが、しかしその点についても、すぐあとで触れる。〔まず〕注意していただきたいのは、「現在形」と「直説法」というのはもちろん誤った名称であることだ（「能動態」にミスリーディングな含みがあることは言うまでもない）――私はただ、よく知られている文法用語として、それらを使っているにすぎない。たとえば「現在形」は「現在進行形」と違って、私がいま現在行っていることの記述とは（あるいは表示とすら）通常まったく関係ない。「私はビールを飲む」は「私はビールを飲んでいる」と違って、私が未来に行うであろうことや過去に行ったことを記述する、未来時制や過去時制と似ていない。そもそも、それが何かを「表示する」[*2]ものだ〔「直説法」である〕としたら、実際により一般的なのは習慣を表示する用法である。そして、それが習慣を表示するのではなく、たとえば「私は命名する」のような遂行体で登場するような、あるいみで純粋に「現在形」である場合でも、それは現実の事態や起こっている出来事について報告、記述、もしくは通知するような、文法学者たちが意図するいみでの「直説法」では確実にない。なぜなら、ずっと見てきたように、それは記述や通知をするものではまったくなく、何かを行うことのために、あるいは行うことにおいて用いられるものなのだから。ゆえに、私たちの用いる「現在形・直説法」は、たんに「私は命名する（I name）」や「私は走る（I run）」等々の、英語の文法形式を意味するにすぎない。（このような用語法の誤りは、たとえば「私は走る」とラテン語の *curro* を同一視することに起因している。後者は本当なら一般に「私は走っている」と訳されるべきものだが、ラテン語には私たちのような二つの時制〔の区別〕はない。）

さて、では一人称・単数、そして〔いま見たような〕いわゆる現在形・直説法・能動態の使用は、遂行的発話にとって本質的なものなのだろうか。一人称複数という明白な例外があることについては、一瞥するだけで事足りる。「私たちは……と約束する」、「我々は同意する」等々。その他、より重要で明白な例外が、あちこちに存在している（そのうちのいくつかは、すでに通りすがり的に言及された）。

疑いなく遂行体であり、その非常に日常的かつ重要なタイプと思われるものとして、（単数であれ複数であれ）二人称または三人称の動詞をもつもの、そして受動態の動詞をもつものがある。ゆえに、いずれにせよ人称と態は本質的ではないのだ。そのようなタイプの事例は、以下のようなものである。

（1）本証書において、貴殿は……の支払いの権利を授権される。

（2）通行人は、線路を渡るさい、かならず跨線橋を渡るよう警告される。[*3]

それどころか、受動態の場合には動詞が「非人称」になることもありうる。たとえば、

（3）本掲示において、不法侵入者は訴追される旨の通知が告示される。

こういうタイプ〔の遂行的発話〕は、形式的あるいは法的な場面でよく見かける。特徴的なのは、少なくとも書き言葉では、「ここにおいて（hereby）」〔「本証書において」、「本掲示において」等々〕という語がしばしば挿入され、あるいはいつでも挿入が可能かもしれないとい

うことである。このことは、その文の(書き言葉における)発話が警告や授権等々の行為をもたらす、いわば道具であることを示すのに役立っている。「ここにおいて」は、発話が遂行的であることの有用な基準である。これが挿入されていなければ、〔実際に挿入されていないさきの例〕「通行人は、線路を渡るさい、かならず跨線橋を渡るよう警告される」[*4]は、通常よく起こることの記述としても使われうるだろう。「トンネルが近づいたら、乗客は頭をかがめるよう警告される、等々」[*5]。

しかし、この種の高度に形式化された明示的な遂行的発話からまなざしを転じてみると、(人称や態と違って、ここまでは保持されてきた)叙法や時制も絶対的な基準の地位から崩れ落ちるのを認めざるをえなくなる。

叙法[*6]は基準にはならない。なぜなら、私があなたに右へ曲がるよう命令するには、「私はあなたに右へ曲がるよう命令する」ではなく、たんに「右へ曲がれ」と言ってもいいのだから。たんに「あなたは行ってよい」と言うことで私はあなたに許可を与えることができるし、「私はあなたに右へ曲がるよう助言する〔もしくは「推奨する」〕」と言う代わりに「私があなただったら、右に曲がるんだけどね」と言ってもよい。時制も同じく基準にならない。あなたにオフサイドを与える(あるいはコールする)ためには「私はあなたにオフサイドを与える〔もしくは「コールする」〕」の代わりに、たんに「あなたはオフサイドだった」と言うだけでもいいし、同じように「私はあなたが有罪だと評決する」の代わりに「あなたがやったのだ」とだけ言ってもいいのだから。「よし」とだけ言って賭けに応じるような、省略文

〔の発話〕だけで済ませる場合は言うまでもないし、有罪の宣告をするのにたんに「有罪」と言うだけ、打者にアウトを宣告するのに「アウト」と言うだけ、といったように動詞がまったく明示されないケースすらある。

とりわけ「オフサイド」や「責任を負った」[7]等々、遂行的な見た目をもつ特別な用語が用いられる場合など、能動・受動の使用をめぐってさきに私たちが与えたルール[8]すら、拒絶することができるようだ。「私はあなたにオフサイドを宣告する」の代わりに「あなたはオフサイドだ」と言ってもいいだろうし、「私は……を引き受ける」の代わりに「私は責任を負っている（ここにおいて責任を与えられる）」と言ってもいいだろう。そこで私たちは思い至るかもしれない、あるいは一定の語が遂行的発話のテストとして使えるのではあるまいか、つまり文法ではなく語彙によって遂行的発話のテストを行えるのではないか、と。「オフサイド」、「認定された」、「約束する」、「危険な」といったものが、そういう語彙かもしれない。しかし、これもうまくいかない、なぜなら、

Ⅰ　〔そのような〕発効的な語を使わなくても遂行体をつくることができるから。たとえば、

（1）「急カーブ危険」とする代わりに「急カーブ」とし、「雄牛危険」とする代わりに「雄牛」と書くことができる。

（2）「あなたは……〔する〕よう命じられる」の代わりに「あなたは……だ」[9]とし、「私は……〔する〕と約束する」の代わりに「私は……するつもりだ」とすることができる。

II　発効的な語を使っているのに発話が遂行的にならないこともあるから。たとえば、

（1）クリケットの観客であっても、「あれは（本当は）オーバーだった」と言うことができる。同じく、判決や判定を下す権限をもっていなくても、私は「あなたは有罪だった」とか「あなたはオフサイドだった」と、さらには「あなたは有罪だ（オフサイドだ）」と言うことすらできる。

（2）「あなたは約束した」、「あなたは認定する」といった言い方に見られるように、そのような語は非遂行的な用法でも用いられる。

こうして、文法や語彙の面で何らかの単一で単純な基準を求めても、私たちは袋小路に行きあたる。しかし、もしかしたら文法と語彙を混ぜ合わせて複合的な基準を、あるいは少なくとも一連の基準群を、単純なものであれ複合的なものであれ、構成することは不可能ではないかもしれない。そういう基準群の一つとして、たとえば、命令法の動詞をもつものはみな遂行体である、といったものがあるかもしれない（しかしながら、これは多くの難点へとさらに導く。たとえば、動詞はいつ命令法になり、いつそうでなくなるのか。〔だから〕私は、この線で進もうと提案するつもりはない）。

むしろ私としては、しばし以前に立ち戻って、そもそも私たちが最初にいわゆる「現在形・直説法・能動態」の動詞に魅かれたことについて、その背後に何かもっともな理由はな

かったのかどうか、ということを考えてみたい。

遂行的発話というものの要点は、それが行為の遂行となる〔あるいは行為の遂行の一部として含まれる〕ということにある、と私たちは述べた。行為というものは人物によってのみ遂行されうるものであり、私たちのケースの場合、あきらかに発話者こそが行為者でなければならない。それゆえ、「一人称」〔の人物〕が言及もしくは指示されるものとして登場しなければならない、という私たちの愛着には——誤って純文法的な鋳型に押し込めてしまったが——一理あったのである。さらに、もし発話者が行為しているとしたら、彼は何かをしているのでなければならない[*10]——あるいはそこから、動詞が文法的に現在形・能動態であることへの愛着が誤って表明されたのかもしれない。〔いずれにせよ〕発話のその時点において、発話している人物によってなされている何かがあるのだ。

発話の言語表現のなかに、発話を行っている人物、すなわち行為を行っている人物への「私は」という代名詞〔もしくは、その人の個人名〕を用いた指示がない場合、事実上、次の二つのどちらかによって発話者は「指示される」ことになるだろう。

(*a*) 話し言葉の場合は、その人が発話を行う、まさにその人物であることによって——これは発話原点とでも呼べるかもしれないもので、話し言葉での指示のためのいかなる座標系においても用いられる。

(*b*) 書き言葉〔もしくは「記入」〕の場合は、その人が自分の署名を添えることによって(これが必要なのは、もちろん、書き言葉の場合、話し言葉のようには原点につなぎとめられていないからだ)。

かくして、行為を行っている「私」というものが本質的に重要性を帯びてくる。当初の一人称・単数・現在形・直説法・能動態という形式の利点は――そして、署名が添えられた二人称や三人称、非人称・受動態という形式のそれも同じく――、発話状況に黙示的に含まれるこうした特徴を明示的に示すところにある。さらにまた、語彙という点で特別に遂行的な性格をもつように思われる一群の動詞は、発話によって行われているのが正確にはどういう行為であるかを明示するという(これは言明することや記述することとは違う)特別な目的に寄与する。そして、それ以外の語でも、やはり特別に遂行的な機能をもっているように思える(実際にもっているのだが)「有罪」や「オフサイド」等々のものは、「約束する」、「判決を下す」、「宣告する」等々の特別に明示的な遂行的動詞とともに「原点」にリンクされるかぎりにおいて、同じように寄与するのだ。

「ここにおいて」という表現は、有用な別手段である。しかし、これは日常的な目的においてはちょっとフォーマルすぎるし、さらには、私たちはここで言明を遂行的発話から区別する基準を求めているのに、「私はここにおいて……と言明する」とか「私はここにおいて……と疑う」といった言い方もできてしまう。(ふたたび釈明しなければならないが、私たちはここでじたばたもがいているのだ。偏見の固い地盤が滑り去っていくのを感じるのは爽快だが、ただしその代償もある。)

こうなると、私たちは次のように言いたい気持ちになって当然だろう。すなわち、現に遂行的である発話はみな、（文法的ないみで）一人称・単数・現在形・直説法・能動態の動詞をそなえた形式に還元、拡張、もしくは分析可能であるはずだ、[*11]と。これは、実際のところ、私たちがこれまで使ってきたある種のテスト法である。たとえば、

「アウト」は「私はあなたにアウトを宣言する、宣告する、与える、もしくはコールする」と同等である（「アウト」が遂行体である場合。たとえば、審判以外の人にアウトとコールされたり、スコアラーが「アウト」と記録することもあるから、これはかならずしも遂行体であるわけではない）。

「有罪」は「私はあなたが有罪だと評決、宣告、判断する」と同等である。

「あなたは、その雄牛が危険であることを警告される」は「私ジョン・ジョーンズは、その雄牛は危険であることをあなたに警告する」、もしくは次と同等である。

この雄牛、危険。
（署名）ジョン・ジョーンズ

このように拡張することで、当の発話が遂行的であることと、遂行されているのがどの行為であるかの両方が明示される。もし遂行的発話〔と思われたもの〕がこのような明示的形式に還元されなければ、そこでは非遂行的な仕方での解釈がいつでも可能になるだろう。たとえば「それはあなたのものだ」は、「私はそれをあなたに譲渡する」と同等ともとれるし、

「それは（すでに）あなたのものだ」と同等ともとれる。実際、道路での標示「あなたは警告されています」においては、それが遂行的用法なのか、非遂行的用法なのか、〔解釈のあいだに〕いくぶんかの遊びがある。

この線で歩みを進めることもできるかもしれないが（〔ただし〕思わぬ障害もある）[1]、しかし注意しなければならないのは、このいわゆる一人称・単数・現在形・直説法・能動態というものは特殊で異例な用法であるということだ。特に、まったく同じ動詞でも、この形式〔での使用〕と他の人称や時制〔での使用〕のあいだには体系的な非対称性があることに注意しなければならない。この非対称性が見られることこそが、まさに遂行的動詞の目印なのである（そして、遂行体に関する文法的基準に最も近いものなのだ）。

事例を挙げてみよう。「私は賭ける」での〔動詞の〕使用と、同じ動詞の別の時制や人称での使用を比べてみる。「私は賭けた」や「彼は賭ける」は遂行体ではなく、それぞれ私や彼の行為を記述するものである――その行為はともに遂行体「私は賭ける」の発話において成り立つのだが。「私は……を賭ける」と言う私は、私が「私は賭ける」という言葉を発することを言明しているのでも、何か他の言葉を発することを言明しているのでもなく、賭けの行為を遂行している。同様に、彼が賭けると言うなら、すなわち彼が「私は賭ける」という言葉を発するなら、彼は賭けるのである。しかし、私が「彼は賭ける」という言葉を発するなら、私はただ、彼が「私は賭ける」という言葉を発する（あるいはむしろ発した）ことを言明しているだけになる。私は彼の賭け行為を行っているわけではない、彼の賭けは彼だけが行えることだから。私は彼の賭け行為の遂行を記述するが、しかし私自身の賭け行為についてはそれを行い、彼自身の賭け行為は彼が行わなければならない。似た例として、何かするように言いつけられた子供に、心配性の親がこんなふうに言うかもしれない、「ウィリーは約束するね（he promises）、そうだね、ウィリー？」しかし、ウィリー坊や本人としては、本当に約束しようとするなら、やはり「ぼくは約束する」と言わなければならない。さて、このような非対称性は一般に、明示的遂行体としては使われない動詞の場合、まったく生じないものである。たとえば「私は走る」と「彼は走る」のあいだには、このような非対称性はない。

しかし、なお疑いは残る。これは正確に言って「文法的」基準（文法的基準とは何なのか？）なのかどうか、と。また、いずれにせよ、これはあまり正確な基準ではない。なぜなら、

(1)一人称・単数・現在形・直説法・能動態は、習慣的な行動の記述に使われることもある。「私は（毎朝）彼にたいして、雨が降るほうに六ペンス賭ける」、あるいは「私は、守るつもりがあるときにだけ約束する」。

(2)一人称・単数・現在形・直説法・能動態は、「歴史的」現在と似た仕方で使われることもある。「四九頁で、私は評決にたいして抗議する」のように、別の箇所で別の機会に行った自分の行為の記述に使われることもある。〔遂行的発話において〕遂行的動詞は現在進行形（一人称・単数・能動態）では使われないことに言及して、これを補強することもできるか

もしれない。私たちは「私は約束しつつある（I am promising）」や「私は抗議しつつある（I am protesting）」とは言わないのだ。しかしこのことにしても、まったく真実というわけではない。なぜなら、結婚式の最中、「誓います」といった言葉を言う必要のないときならいつでも、「いまは私をわずらわせないでくれ。あとで会おう、私は結婚しつつあるんだ（I am marrying）」と言うことができるのだから。この例での行為〔すなわち結婚〕は、遂行体の発話だけで全体が尽くされているわけではなく、それを超えて引き延ばされ、多様な要素を含んでいる。また、「私は抗議する」と言う以外のやり方、たとえば公園の柵に自分を縛りつけることによって抗議の行為を行いつつ「私は抗議しつつある」と言うこともできるし、「私は命令する」という言葉を書きつけながら「私は命令しつつある」と言うことすらできる。

（3）ある種の動詞に関しては、一人称・単数・現在形・直説法・能動態が同時に二つの仕方で用いられることがある。「私は……と呼ぶ」がその一例で、たとえば「私は過多な通貨が過少な商品を追い求めている状況をインフレーションと呼ぶ」と言う場合、これは遂行的発話と〔論述や考察の結果として〕おのずと帰結する行為の記述を両方とも包みこんでいる。

（4）私たちは、一見したところ、遂行体に分類する気になれそうにないたくさんの表現を〔遂行体として〕招き入れる危険の淵にいる。たとえば「私は……ことを賭ける」と同様の表現として「私は……ことを言明する」（これを発話することは、すなわち言明することである）を招き入れる危険である。[12]

（5）行為を言葉に合わせるケースもある。たとえば、私は王手をかけるときに「これでおしまいだ」とか「ジャドゥブ」[13]と言うかもしれないし、「引用する」と言ってから実際に引用を行うかもしれない。「私はxを次のように定義する。xはyである」と言うことによって定義を行うのも、行為（ここでは定義を与えること）を言葉に合わせる一例だ。「私はxをyと定義する」という表現が使われるときには、行為を言葉に合わせることから遂行的発話への移行が生じているのである。さらに付け加えれば、同じように、いわば〔言語的〕マーカーとでも呼べる言葉の使用から遂行体へと移行する現象もある。小説の最後の終わりという言葉から信号メッセージの最後の「メッセージ終わり」という表現に移り、そこからさらに法廷で弁護人が発する「以上をもって意見陳述を締めくくります」という表現へと至るような移行があるのだ。これらはいわば言葉で行為をマークするケースであり、そこでは言葉の使用が〔移行にともなって〕だんだんと「終わらせる」という行為そのものになっていくのである（これは行為を終わらせるという行為だから遂行する〔と言う〕のは難しいが、もちろん他の言い方で明示的にするのも難しい）。

（6）その行為が間違いなく何かを言うことによって行われる行為であるのなら、それを明示するための遂行的動詞がいつでも存在しなければならないのか？　たとえば、私は何かを言うことによってあなたを侮辱することができるが、しかし「私はあなたを侮辱する」という言い方は存在しない。

（7）はたして、いつでも失うものなく遂行体を通常の言い方にすることができるのだろうか？「私は……するだろう」はいろいろな意味合いをもつことができる言い方で、もしかしたら私たちはそのことを利用してもいる。[*14] また、「ごめんなさい」と言うのは、明示的な「私は謝罪します」と本当にそっくりだと言えるのか？

私たちはいずれ明示的遂行体という概念に立ち戻らなければならないだろう。そして、最終的には深刻ではないかもしれないこれらの難題のいくつかについて、少なくともそれらがどのように生じてきたかを歴史的に論じなければならない。

原注

（1）たとえば、こういうふうに〔明示的形式への拡張が〕できるのは、どういう動詞なのか？　もし特定の遂行体が〔明示的形式に〕拡張されるとしても、他の発話もみな、このフォーマルな形式に還元可能でなければならない（特徴はそのままで！）とするなら、この場合の一人称・単数・現在形・直説法・能動態は遂行体か否か、というテストは何になるのか？

訳注

＊1　第二版では、このあとに「典型的には」という語が挿入されている。

＊2　原語は indicative で、ここまでは原則として「直説法」と訳してきたが、この箇所では文脈に合わせて（〔　〕で直説法にも言及しつつ）「表示する」とする。

＊3　原文は "Passengers are warned to cross the track by the bridge only". 不自然な直訳だが、ここは三人称や受動態での遂行的発話の例ということなので、致し方なくそうした。次の（3）（原文は Notice is hereby given that trespassers will be prosecuted.）をはじめとして、以下、英語での文法的基準が論題になっている箇所では同様の事情がしばしばつきまとう。

＊4　第二版では、この発話例は「通行人は……される」と略記されている。これは、繰り返しなのでたんに略しただけともとれるし、「通行人は……される」という受動態の発話一般を示しているともとれる。

＊5　第二版では、このあとに「の事例のように」と挿入されている。

＊6　第二版では、ここに丸括弧を使って「（ラテン語と比べて英語での叙法がどういうものであろうと）」と挿入されている。ちなみに、一般にラテン語の叙法は直説法・命令法・接続法の三種、英語のそれは直説法・命令法・仮定法の三種だとされる。

＊7　原語は liable で、形容詞。

＊8　そのような「ルール」が明示的に与えられているようには見えないが、「能動態という基準は絶対ではなく、受動態によって遂行的発話がなされることもある」とする議論を指してこう言っているのだろうか。

＊9　原文は you will.「あなたはするだろう」という直訳ではさすがに不自然なので、ここは「あなたは留守番だ」といった言い方を想定して、このようにした。

＊10　この文は、第二版では次のように書き換えられている。「もし発話することにおいて行為しているとしたら、その人は何かをしているのでなければならない」。

＊11　第二版では、このあとに「、あるいは、そのような形式に言い換えることができるはずだ」と挿入されている。

＊12　第二版では、このあとに「どちらの事例においても、一人称とそれ以外の用法のあいだに同じ非対称

性がある。」という一文が追加されている。

＊13 「ジャドゥブ（j'adoube）」はチェスの用語だが、駒の並びに乱れがあって、それを直すときに発する言葉で（文字どおりには「私が直します」の意）、王手（チェック）をかける際の言葉ではない。本当は王手として駒に触れているのに冗談めかしてこう言っている、という例なのだろうか。

＊14 たとえば、約束ともたんなる意図の表明ともつかない言い方として用い、自分の責任を曖昧にすることができる。

第VI講　〔明示的な遂行体〕

遂行体は確認体とまったく明白に区別される——前者は適切または不適切になり、後者は真または偽になるという仕方で——わけではないことを私たちは示唆し、それゆえどうしたら遂行体をより明確に定義できるのか、と考察を進めたのであった。最初に提案されたのは、文法あるいは語彙、もしくはその両方を取り入れた一つの基準、あるいは基準群だった。見出されたのは、その種の絶対的な一つの基準など存在しないのは確実なこと、そしてありうる基準すべてをリストアップすることさえほぼ不可能である見込みがきわめて高いことだった。それどころか、同じ文でも発話の機会が異なればごくふつうに遂行体と確認体の両方の仕方で使用されるのだから、語彙や文法はけっして遂行体を確認体から区別してくれないのである。つまり、発話をそのままにしておきつつ基準を求めるようなやり方は、はなから望みがなかったように思われる。

しかし、それにもかかわらず、私たちが最初に引いた事例のようなタイプの遂行体、すなわち一人称・単数・現在形・直説法・能動態の動詞をもつそれらは、私たちのひいきに値するように思われる。少なくとも、発話することが何かを行うことであるとしたら、「私は」

と「能動態」と「現在形」は適切であるように思えるのだ。しかし、遂行体〔の動詞〕は確かにこのうち「時制」の点で他の動詞にあまり似ておらず、そこには本質的な非対称性がある。遂行的な見かけをもつ動詞群の長大なリストをつくるとしたら、この非対称性はそのちょうどいい特徴づけになる。そこで出てくる提案として、私たちは、

（1）この特殊性をもつすべての動詞のリストをつくってはどうか。

（2）私たちが好むこの形式――「私は……〔という〕ことをxする（I x that）」、「私は……〔する〕ようxする（I x to）」あるいは「私はxする（I x）」といった形のもの――に実際には該当しない遂行的発話であっても、それらはすべてこの形式に「還元」されうるのであり、だから私たちが明示的遂行体と呼びうるものに変形されうる、と想定してはどうか。

すると、こういう問いが浮かび上がってくる。これはどのくらい容易な――それどころか可能な――ことなのか。たとえこの種の動詞であっても、十分にノーマルでありつつも〔遂行的な用法とは〕異なる現在形・直説法・能動態の一人称での用法はかなり容易に許容されるし、それらは確認的もしくは記述的とされてしかるべきものである。すなわち、習慣的現在形、「歴史的」〔疑似〕現在形、そして現在進行形。しかしそのうえ、私が締めくくりで急いで付け加えたように、さらなる困難がある。その典型として、私たちは三つのものに言及

した。[*1]

（1）「私は分類する」は、またもしかしたら「私は留保する」も、ある面で遂行体の、ある面で確認体の性格をもつように思われる。どちらなのか、それとも両方なのか？

（2）「私は……ことを言明する」は、私たちの文法的もしくは疑似文法的な要求に合致するように思われる。しかし、私たちはそれを遂行体に入れるのを望むだろうか？　このように、私たちの基準は非遂行体を招き入れる危険をもつように思われる。

（3）何かを言うことは、ときに特徴的な仕方で何かをすることになるように思われる——たとえば、誰かを侮辱することである。これは誰かを叱責することに似ているが、しかし「私はあなたを侮辱する」という遂行体はない。明示的遂行体への「還元」はいつでも可能なわけではないように思われ、ゆえに私たちの基準はかならずしも発話することが何かを行うことであるすべてのケースにあてはまるわけではない。

では、ここでしばし佇《たたず》んで、どちらかと言えばこっそりと導入された「明示的遂行体」という表現について、もう少しよく考えてみよう。私はそれを（非明示的または黙示的遂行体ではなく）「原初的（primary）遂行体」に対置する。私たちが挙げた事例は、次のごとく。

（1）原初的発話：「私はそこに行く（I shall be there）」、

（2）明示的遂行体：「私はそこに行くことを約束する（I promise that I shall be there）」。

すでに述べたように、後者の表現は、発話すなわち「私はそこに行く」を発することにおいて何の行為が遂行されているのかを明示的にしたものである。誰かが「私はそこに行く」と言った場合、私たちは「それは約束なの？」と問うかもしれない。返事は「そう」あるいは「そう、私は約束する」（もしくは「……ことを〔約束する〕」や「……と〔約束する〕」）というものかもしれないし、そうではなく「いや、ただそうするつもりということだ」（意図の表現もしくは告知）あるいは「いや、ただそういう予感がする、自分の意志の弱さを考えると、私は（たぶん）そこへ行ってしまうだろう」というだけのものかもしれない。

さて、ここで二つの注意点に触れておかなければならない。「明示的にすること」は、私が行っていることを記述することや言明すること（少なくとも哲学者たちが好むいみでのそれら）と同じではない。もし「明示的にすること」がそのように響くとしたら、その点において《プロ・タント》、これはよくない用語である。言語的ではないけれども慣習的（ここでは儀式的だったり儀礼的だったりする）ではあるという点で遂行的発話と似ている行為の場合、事態はむしろこんな具合になる。私があなたの前で深く頭を下げているとしよう。〔しかし〕あなたにおじぎをしているのか、それともたとえば植物を観察したり消化不良を和らげるために前かがみになっているのか、はっきりしないかもしれない。そこで、一般的に言って、それが慣習的・儀礼的行為であることと、どの行為であるかということの両方をあきらかにするために、行為（たとえば、おじぎすること）は原則としてさらなる特別な特徴を含んでいなければならない。たとえば、帽子を持ち上げる、頭を地面に軽く打ちつける、手を胸のところにさっともってくる、あるいは「サラーム」[*2]のような一定の音声や語をもおそらくは発する、といったように。この「サラーム」の発話が、私がおじぎ行為を遂行しているということを言明する、私の行為の記述でないのは、帽子をとることがそうでないのと同様である。そして、同じようにして（この点には、またあとで立ち戻るが）「私はあなたにごあいさつします」と言うことが私の行為の記述でないのは、「サラーム」と言うことがそうでないのと同様なのである。こういうことを行ったり言ったりするのは、〔あくまで〕その行為がどのように受け取られ、理解されるべきか、そして何の行為であるのかを、はっきりさせるためである。そして、「私は……ことを約束する」という表現を挿入するのは、それと同じことなのだ。それは記述ではない、なぜなら、（1）それは真または偽になりえず[*3]、（2）「私は……ことを約束する」と言うことは（もちろん、適切だとしたらだが）それを約束に、まごうことなく約束にするからである[*4]。こうして私たちは、「私は約束する」のような遂行的表現は、言われたことがいかに理解されるべきかをはっきりさせるものである、と言うことができる。ひょっとすると、その表現は約束がなされた「ことを言明する」とさえ言うことができるかもしれない。しかし、こうした発話は真または偽になるとか、記述もしくは報告であるとは言えないのである。

第二の注意点は、ささいなことである。確かに私たちはこのタイプの発話を「……ことを（that-）」節とそれにともなう動詞[*5]、たとえば「約束する」、「評決する」、「宣告する」（あるいは、もしかしたら「見積もる」などの動詞）から成るものとしたが、だからといってこれを「間接話法（indirect speech）」だとほのめかすことになってはいけない。間接話法もしくは〔ラテン語で言えば〕オラティオ・オブリクア（*oratio obliqua*）における「……ことを（that-）」節とは、もちろん誰か他の人もしくは自分自身が別の機会や別の場で言ったことを報告する場合のもので、たとえば典型的には、「彼は……ことを言った（he said that...）」がそれである。しかしまた、「彼は……ことを約束した」（あるいは、これは「……ことを」の二重用法[*6]か?）や「四五六頁で、私は……ことを宣言した」もそうだと言えるかもしれない。もしこれが明確な概念(1)だとしたら、間接話法《オラティオ・オブリクア》における「……ことを」は、明示的な遂行的表現における「……ことを」とあらゆる面で似ているわけではないことがわかる。後者で私は一人称・単数・現在形・直説法・能動態を使って私自身の発話の報告をしているわけではないのだから。ついでながら、もちろんのこと明示的な遂行的動詞が「……ことを（that）」をともなわねばならない必要は少しもない。〔明示的遂行体の〕重要な種類として「……〔する〕よう（to...）」をともなう一群や、何もともなわない一群もある。後者はたとえば「私は（……について）謝罪します（I apologize (for...)）」や「私はあなたにごあいさつします（I salute you）」といったものである。

さて、まさに〔このような〕言語構文としての精妙さから言っても、また明示的遂行体におけるその特質から言っても、一つのことが、少なくとも見込みのある推測として浮かび上がってくる。それはすなわち、言語の進化という観点から歴史的に見れば、明示的遂行体は比較的あとになって発達したものに違いなく、それに先立って一定のより原初的な発話があったこと、それらの多くは少なくともすでに黙示的遂行体の体をなしており、それらはいま、ほとんどの、もしくは多くの明示的遂行体にその一部として組み込まれるようになっていること、である。たとえば「私は……するつもりだ（I will...）」は「私は私が……することを約束する（I promise that I will...）」に先立つ。もっともと思える見方は（それをどうすれば立証できるのか、私にははっきりとはわからないのだが）こういうものだろう。諸言語の始源的な段階では、自分たちが行っているかもしれない（のちに発達した区別で言えば）いろいろな種類のことがらのうち、実際にどれを行っているのかがまだはっきりせず、区別することができなかった。たとえば、一語発話から成る始源的な言語では、[2]「雄牛」や「雷」は警告、報告、予言、等々でありえた。こうした発話がもちうるさまざまな力（*forces*）を明示的に区別することは、言語がのちのち成し遂げたことであり、それは重要な達成事であった、というのもまた、もっともな見方だ。〔いまに残る〕発話の始源的もしくは原初的な諸形式は、この面における始源的言語の「両義性」や「多義性」あるいは「曖昧性」を受け継いでいるだろう。それらは、当の発話が正確に言ってどんな力をもつものなのかを明示しない。これはこれで使い道があるかもしれないが、社会形式や社会的手続きが洗練され、発達するにつれ、明確化が必要とされるようになる。しかし、注意していただきたいのは、この明確化は発見や記述[*7]と同じくらい創造的な営みであるということだ！　それは、すでに存在する区別をはっきりさせることであると同時に、はっきりした区別を創出することでもある。

しかしながら、最も危険だと予想され、そして〔それにもかかわらず〕私たちがきわめてしてしまいがちなことがある。それは、文の原初的もしくは始源的な使用は言明的もしくは確認的であるはずであり、またそうあるべきだからそうなのだ、ということを自分たちは何らかの仕方で知っていると考えてしまうことである。これは哲学者たちが偏愛するいみでの、何かをたんに発話することであって、それが要求するのはもっぱら真または偽になることに尽き、それ以外の次元では評価にさらされることはないとされる。〔しかし〕私たちは確実に、そんなことなど知ってはいない。たとえば、別様の道を想定して、すべての発話は最初は罵《ののし》り言葉として始まったに違いない、*8 などと考えることもできるが、そんなことなど知りようがないのと同じくらいの話である――ずっとありそうに思えるのは、「純粋な」言明なるものは、正確さという目標と同様に、次第に進む科学の発達が刺激となって浮上してきた目標であり、理想である、という見方だ。そのようなものとしての言語は、始源的な段階では正確ではなく、また私たちが言ういみでの明示性も持ち合わせていない。言語における正確さは、何が言われているか――すなわち、その意味（*meaning*）――をより明確にし、私たちのいみでの明示性は発話の力（*force*）を、あるいは「発話が（以下に述べるような一つのいみで）どう受け取られるべきか」を、より明確にする。

さらに言うなら、明示的な遂行的表現は、同じ機能を果たすべくこれまでずっと用いられてきて、多かれ少なかれ成功をもたらしてきたおびただしい数の言語装置のなかで、たんに最新かつ「最も成功した」ものであるにすぎない（ちょうど、測定や規格化が発言の正確さを高める装置として、これまで最も成功した発明であるのと同じように）。

ではここで少し、発言におけるより始源的な装置として他にどんなものがあるか、いくつか検討してみよう。それらの役割についてもいくつか検討するが、それは明示的遂行体の装置に取って代わられうるものである（ただしもちろん、あとで見るように、まったく変化や失うものなしに、というわけにはいかないが）。

1　叙法

すでに触れたように、大いに行きわたったやり方として、命令法の使用がある。これは発話を「指令（command）」（もしくは奨励、許可、容認、その他いろいろ！）にする。たとえば私はさまざまなコンテクストで、「それを閉めろ（shut it）」と言うことができる。

「それを閉めろ、ほら」は、遂行体[*9]「私はあなたにそれを閉めるよう命令する」に似ている。

「それを閉めろ――私ならそうする」は、遂行体「私はあなたにそれを閉めるよう助言する」に似ている。

「それを閉めろ、あなたが望むなら」は、遂行体「私はあなたにそれを閉めるのを許可する」に似ている。

「よろしい、では、それを閉めろ」は、遂行体「私はあなたがそれを閉めることに同意する」に似ている。

「それを閉めろ、やれるものなら」は、遂行体「私はあなたにそれを閉めるよう挑発する」に似ている。

また、ここでも私たちは助動詞を使うことができる。

「あなたはそれを閉めてよい（may）」は、遂行体「私はあなたがそれを閉めることを許可する、同意する」に似ている。

「あなたはそれを閉めなければならない（must）」は、遂行体「私はあなたがそれを閉めるよう命令する、助言する」に似ている。

「あなたはそれを閉めるべきだ（ought）」は、遂行体「私はあなたにそれを閉めるよう助言する」に似ている。

2　声の調子、抑揚、強調

（これと似ているのは、ト書きの使用という洗練度の高いやり方である。たとえば「脅迫的に」等々。）この事例は、

そいつが突進してくる！（It's going to charge!）（警告）

そいつが突進してくる？（質問）

そいつが突進してくる!?（抗議）

話し言葉のこうした特徴は、書き言葉ではたやすく再現できない。そこで、たとえばいま試みたように、抗議としての声の調子や抑揚、強調を伝えるために、感嘆符と疑問符を並べて使ったりする（とはいえ、これもひどく貧弱だが）。句読点やイタリック〔傍点〕、語順も助けになるかもしれないが、それらもいくぶん粗雑なものだ。

3　副詞と副詞句

しかし、書き言葉においては――また、それほど必要不可欠ではないものの、ある程度は話し言葉においてさえも――私たちは副詞、副詞句、あるいは〔他の〕言いまわしに頼る。たとえば、私たちは「たぶん（probably）」と付け加えたり――それとは逆のいみで――「かならずや（without fail）」と付け加えたりすることで「私は……するだろう」の力を限定することができるし、「……ことをけっしてお忘れなきよう」と書くことで（督促状なり、その他あれこれへの）強調を行うことができる。この点については、以下のような〔言語行為の〕現象と関連して、たくさんのことが言えるかもしれない。すなわち、あきらかにすること、暗示すること、ほのめかし、あてこすり、言い含めること、推測を助けること、伝えること、「表現すること」（嫌な語だ）。これらはかなり頻繁に、同じ、もしくは似かよった言語的方策や婉曲表現を使って行われているが、しかしすべて本質的に異なるものである。これらの現象のあいだにある重要かつ多様な区別については、この連続講義の後半で立ち戻ることになるだろう。[*10]

4　接続的な小詞[*11]

いっそう洗練されたレベルでは、あるいは、特別な言語的方策である接続的な小詞が使われるかもしれない。私たちはたとえば、小詞〔副詞〕「それでも（still）」を「私は……ことを言い張る」という力とともに、〔副詞〕「それゆえ（therefore）」を「私は……ことを結論する」という力とともに、〔接続詞〕「ではあるが（although）」を「私は……ことを容認する」という力とともに、それぞれ用いることができる。「なのに（whereas）」、「ここにおいて（hereby）」、「それどころか（moreover）」の用法にも、ご注意いただきたい(3)。よく似た目的は、**マニフェスト**、**条例**、**宣言**といった〔文書の〕タイトル、あるいは角《つの》書き[*12]「**小説・**……」の使用によっても達成される。

発話の内容や仕方とは違うところに[*13]まなざしを向けてみると、発話の力をある程度、相手にわからせるための、これまでとは違う本質的方策が存在する。

5　発話にともなうもの

言葉の発話にともなって、ジェスチュア（ウインク、指さし、肩をすくめる、まゆをひそめる、等々）がなされることがあるし、非言語的な儀礼的行為がなされることもある。いかなる言葉の発話もなしに役目を果たすこともあるのだから、これらの重要性はきわめてあきらかである。

6　発話の状況

きわめて重要な助けとして、発話の状況がある。たとえば私たちは、「彼が言ってきたことだから、私は依頼ではなく命令と受け取る」と言ったりする。同じように、「私はいつか／そのうち（some day）死ぬだろう」や「私はあなたに私の時計を預けよう／遺贈しよう（shall leave）」を私たちがどちらに理解するかは、発話のコンテクスト、とりわけ話し手の健康状態に左右される。

しかし、これらの〔発話解釈の〕リソースは、あるいみで過剰なものでもある。それらは曖昧な表現や不的確な区別に陥《おちい》りやすいし、さらには、たとえばほのめかしのような他の目的のために用いられることもある。それに比べて、明示的遂行体は曖昧な表現を排除し、行為遂行をしっかりと固定するのである。

これらすべての方策につきまとう難点は、主に意味の曖昧さと、しっかりした理解の確定しがたさにあったわけだが、おそらくそこにはまた、言葉とともに行われる行為という領域の複雑さとでも言うべきものに対応する、いくぶんかのポジティヴな不的確さも存在する。「命令法」〔の発話〕は、命令、許可、要求、依頼、懇願、示唆、推奨、警告（「行ってみろ、そうすればわかる」）でありうるし、また条件や容認、定義の表現（「それを……とせよ」）等々でもありうる。「それ、もっていきなよ」と言って何かを誰かに渡す場合、それは譲渡すること、貸すこと、賃貸しすること、預けることなどでありうる。「私は……するだろう」は約束かもしれないし、意図の表明かもしれないし、あるいは未来の予測かもしれない。以下、その他いろいろ。確かに、さきに触れた方策（きっと他のものもあるだろう）の一部や全部を組み合わせれば、絶対とは言えなくても、通常は十分だろう。「私は……するだろう」の例で言えば、副詞「疑いなく」や「たぶん」を添えることでそれが予測であることを、「確実に」や「確かに」を添えることで意図の表明であることを、副詞句「かならずや」を添えたり「私は全力を尽くす」と言うことで約束であることを、私たちはそれぞれ明確にすることができる。

注意すべきなのは、遂行的動詞が存在する場合でも、それらは「……ことを（that...）」や「……よう（to...）」の表現だけでなく、ト書き（「歓迎する」）やタイトル（「警告！」）、括弧を使った挿入（これ〔ができるかどうか〕は遂行体の判定テストとして、標準的形式〔への言い換えができるかどうか〕とほぼ同じくらい有効なものだ）でも使用できることである。また、「アウト」等々の特別な語の使用においては標準的形式が存在しないことも忘れてはいけない。

しかしながら、明示的遂行体が存在し、さらにそれを用いたとしても、それですべての難点が取り除かれるわけではない。

（1）哲学では遂行体を記述的もしくは確認的なものと取り違える傾向がある、という難点をも提起することができるだろう。

（1*a*）もちろん、それはたんに、原初的発話にともなう、しばしば好都合でもある曖昧表現が遂行体では取り払われている、というだけのことではない。[*14] 私たちは行きがかり上、その表現が本当に明示的遂行体なのかどうか疑わしいケースや、遂行体にとても似ているがじつはそうではないケースについても、考察しなければならない。

（2）まったく同じ表現が、ときに明示的遂行体に見え、またときに記述的に見えるケース、そしてそうした両義性がかえって利用されてさえいる明白なケースが存在するように思われる。たとえば「私は賛同する」や「私は同意する」。「私は賛同する」は、賛同を与える遂行的な力をもつかもしれないし、「私はこれに賛成だ」という記述的意味をもつかもしれない。

こういうことが起こる二種の古典的事例を見てみよう。いずれも明示的遂行体の表現が発達する途上で付随的に起こった何らかの現象を示している。

一定の事態にたいして一定の「情動」（この語を救いたまえ！）や「願望」を感じたり、ある態度をとったりすることが慣習的に適切あるいはふさわしい対応や反応とされているようなケースが、人間生活には非常にたくさんある。その一定の事態には誰かによって行われる一定の行為も含まれるが、それらにたいしてはそのような対応をするのが自然なことなのだ（自然なことだと思いたいものだ！）。もちろん、そういうケースで当の情動や願望を感じることは可能だし、また通常、実際に感じるものである。一方、〔内心の〕情動や願望は他人が即座に感知できるものではないから、そこで私たちはたいがい、自分がそう感じていることを他人に知らせたいと願う。ケースが違えば、そう願う理由もちょっとずつ違うし、あるいはあまり立派な理由ではないかもしれないが、ともあれそのような感情があるなら、それを「表現する」のが礼儀作法のうえで《ダ・リガー》必要になるというのは、もっともなことである。そして、さらに、そもそも本当に報告しているように感じているかどうかにかかわらず、ふさわしいと思われる感情を表現することすら、礼にかなったことになるのだ。そのように使われる表現の例は、以下のごとく。

私は感謝する[*15] (I thank)	私は感謝している (I am grateful)	私は感謝を感じている (I feel grateful)
私は謝罪する (I apologize)	私はすまなく思う (I am sorry)	私は後悔している (I repent)
私は批判する (I criticize)	私はとがめている (I blame)	私は……に愕然としている (I am shocked by)
私は非難する (I censure)		私は……に不快の念を抱く (I am revolted by)
私は賛意を表する (I approve)	私は……に賛成だ (I approve of)	私は……に賛意を感じる (I feel approval)
私はあなたを歓迎する	私は歓迎している	

(I bid you welcome)　　(I welcome)

私は祝福する　　私は……をうれしく思う
(I congratulate)　　(I am glad about)

リストの一段目は遂行的発話、二段目は純粋ではないが半ば記述的なもの、三段目はたんなる報告になっている。このように、ある種の故意の両義性によって害を受けたり利益を得たりする非常に多くの表現があり、そのなかには重要なものもたくさんあるが、このことにたいしては、純粋な遂行的表現を絶え間なく慎重に導入することによって戦いが行われてきたのである。「私は……に賛成だ」とか「私はすまなく思う」が二つのうちのどちらかの用法で使われていることを（あるいは、いつもどちらかの用法で使われていることさえ）決定するテストを、何か提案できるだろうか？

一つのテストとして、「彼は本当に……か？」と言うことがいみをなすか否か、というものがあるだろう。たとえば「私はあなたを歓迎している」とか「私はあなたを歓迎する」と誰かが言った場合、「彼は本当にその人を歓迎していたのか？（I wonder if he really did welcome him?)」とは言えるかもしれないが、同じようにして「彼は本当にその人を歓迎するのか？（I wonder whether he really does bid him welcome?)」と言うことはできないだろう。もう一つのテストとして、何かを実際に言うことなしにそのことを本当に行いうるか否か、というものも考えられ、これはたとえば、謝罪の言葉はないがすまなく思ってはいるとか、感謝の言葉はないが感謝してはいるとか、非難の言葉はないがとがめてはいる、といったケースが例になる。(4) 少なくとも一部のケースでは、さらに第三のテストとして、「故意に(deliberately)」といった副詞や「私は喜んで……する(I am willing to)」といった表現を遂行的動詞と思われるものの前に挿入できるか否か、というものが考えられる。なぜなら、(ひょっとして)その発話が行為を行うことであるなら、それは確かに(場合によっては)故意に、あるいは喜んで行えるものでなければならないからである。たとえば、私たちは「私は故意に彼を歓迎した」、「私は故意に彼の行動に賛意を表した」、「私は故意に謝罪した」といった言い方をするかもしれないし、「私は喜んで謝罪する」と言うことができる。しかし、「私は故意に彼の行動に賛成だった」とか「私は喜んですまなく思う(I am willing to be sorry)」(これは「私は喜んで、私はすまなく思う〔ごめんなさい〕と言う(I am willing to say I am sorry)」とは違う)とは言えないのである。

四番目のテストは、「私はすまなく思う」がときにそうなるように、言われたことが文字どおり偽になりうるか、それとも「私は謝罪します」がときにそうなるように、不誠実さ(という不適切さ)をまとうようになるだけか、と問うものである。これらの言い方は、不誠実さと偽のあいだの区別をぼやけさせもするのだが。(5)

しかし、ここで行きがかり上、正確にはどういう性質のものか私にははっきりしないのだが、ともあれ一つの区別をしておかねばならない。私たちは、さきに「私は謝罪する」を「私はすまなく思う」へと関連づけた。しかし、慣習的な感情表現にはさらに非常に数多く

のものがあって、それらはいくつかの面でそれらとよく似ているが、遂行体とは無関係に違いないものなのである。たとえば、

「私は喜びをもって次の講演者をお呼びします」。
「私はすまないことに、……と言わなければなりません」。
「私の喜びとするところの役目に従って発表します、……[6]」。

これらは「私は……する栄誉に浴します」と同様の、ていねいな言い方と呼ぶことができよう。こういうふうに決まり文句で表現することは、十分慣習的になっている。しかし、喜びをもって云々と言うことは、何かすることに〔実際に〕喜びをもつことではない。残念なことだ。遂行的発話であるということは、感情や態度と結びつくケース、すなわち私が「態度型（BEHABITIVES）」と名づけるケースにおいてさえ、たんに感情や態度の慣習的な表現であるだけではないのだ。

さらにまた区別すべきものとして、行為を言葉に合わせるケースがある——遂行体を生み出すことはあるものの、それ自体は遂行的発話ではない特殊なタイプのケースである。「私はこうやってドアをぴしゃりと閉める」（彼はドアをぴしゃりと閉める）というのが一つの典型例だ。しかし、この種のケースは、私たちを「ごあいさついたします（I salute you）」（〔と言って〕彼はあいさつする）へと導く。この「ごあいさついたします」は、あいさつの代役に

なりうるもので、つまりは純粋な遂行的発話になりうるものである。そうなると、「ごあいさついたします」と言うことは、あなたにあいさつすること〔そのもの〕である。「私は……の思い出に敬意を表します（I salute the memory...）」という表現と比較していただきたい。

　しかしながら、行為を言葉に合わせることと純粋な遂行体のあいだには、多くの移行段階がある。

　「スナップ」[16]。こう言うことは、スナップすることである（適切な状況において）。しかし、「スナップ」と言われなければ、それはスナップではない。

　「王手《チエツク》」。こう言うことは、適切な状況においては、王手をかけることである。しかし、「王手《チエツク》」と言われないとしても、やはりそれは王手ではないか[17]？

　「ジャドゥブ」。これは、言葉に行為を合わせることなのか、それともチェスの駒を〔手として〕動かすのではなく、駒の位置を整える行為の一部なのか[18]？

あるいは、こういう区別は重要なものではないかもしれない。ただし、遂行体においても似たような移行現象が存在するのである。たとえば、

「私は引用する」〔と言いつつ〕、彼は引用する。

「私は定義する」〔と言いつつ〕、彼は定義する（たとえば、xはyである、と）。

「私はxをyと定義する」。

こういうケースでは、発話はいわばタイトルのように働いている。これは遂行体のヴァリエーションなのだろうか？　発話がこういう働きをするのは、本質的に、言葉に合わせられる行為自体も言語的な行為である場合である。

原注

(1) 私の説明はひどく不鮮明なものだが、あらゆる文法書における 'that' 節の説明も似たようなものである。それらに見られる 'what' 節のいっそうひどい説明と比較していただきたい。

(2) 実際、始源的な言語は、おそらくそのようなものであった。イェスペルセンを参照されたい〔訳注：デンマークの言語学者（一八六〇―一九四三年）で、コペンハーゲン大学教授、同大学学長を務めた。主著『言語』の第四部「言語の発達」では言語の歴史的な変化（進化）の諸相が説かれているが、たとえば次のくだりなどには、ここでオースティンが言っていることと通じるところがある。「……私たちに知られている言語の歴史をさかのぼればさかのぼるほど、文はますます分離できない統一体になっていく。私たちが個々別々の単語としてとらえるのに慣れ親しんでいる諸要素は〔単独の語の内部に織り込まれ〕、いまだ分離されていなかったのである」(Otto Jespersen, *Language: Its Nature, Development, and Origin*, New York: Henry Holt and Company, 1922, p. 439／イェスペルセン『言語――その本質・発達及び起原』市河三喜・神保格訳、岩波書店、一九二七年、八三五―八三六頁)〕。

(3) だが、これらの事例の一部は、「私は……ことを容認する」や「私は……ことを結論する」が遂行体なのか否か、という以前からの問題を蒸し返すものでもある。

(4) 暗黙の同意の可能性にまつわる古典的な疑いがあって、ここでは非言語的行為が遂行的行為という別の形で行われている。このことは、この第二のテストへの疑いを提起する！

（5）他のケースでも、これらとパラレルな現象がある。たとえば、語法的もしくは説明的遂行体と呼びうる領域では、とりわけまぎらわしい事例が生じる〔訳注：ここでの「説明的（expositive）遂行体」を最終講で詳述される発語内行為の分類の一つである「説明型（expositives）」と同じようなものと考えると、つまりは「私は……と断言する」といったタイプの遂行体ということになる。「……」の部分が間違いだと知ったうえで話し手がこの形の断言を行ったとすると、それは不誠実な断言とも言えるし、偽なる断言とも言えるように思われる。この注で言われる「とりわけまぎらわしい」、「パラレルな現象」とは、おそらくこのような事例である〕。

（6）［ノートの余白にはこうある。「ここではさらなる分類が必要。行きがかり上のメモのみ。」］

訳注

＊1　前講末尾でリストアップされている問題点との対応を確認しておくと、この段落ですでに述べられた（習慣的現在形などの）ものは前講の（1）、（2）に該当し、以下の（1）、（2）、（3）はそれぞれ前講の（3）、（4）、（6）に該当する。

＊2　イスラム教でのあいさつの言葉で、「平和、平安」を意味するアラビア語。

＊3　第二版では、この箇所は「それは偽になりえず、それゆえ真にもなりえず」に変更されている。

＊4　第二版では、この箇所は「それを約束に、まごうことなく約束にする」と強調が施されている。

＊5　英語では動詞に that 節が後続し、日本語では「……ことを」に動詞が後続する。だから、原文では「それを後続させる動詞」となっているが、ここでは英日両語に対応させるため、「ともなう」という訳語にした。

＊6　何が「二重」かと言えば、おそらく約束の内容を示すと同時に約束の発話を（間接話法的に）示して

いる、ということだろう。

＊7　ここは第一版・第二版ともに “discovery or description” となっているが、もしかしたら「記述の発見 (discovery of description)」の間違いかもしれない。

＊8　「たとえば」以下ここまで、第二版では次のように変更されている。「たとえば、すべての発話は最初は命令（一部の人びとはそう論じている）や罵り言葉として始まったに違いない」。

＊9　第二版では、以下ここでの発話例の列挙すべてにおいて「遂行体」という語が削除されている。「それを閉めろ、ほら」などのほうも（黙示的な）遂行体なのだから、これは当然の修正である。

＊10　第二版では、この文は次のように変更されている。「この連続講義の後半で、私たちは〔本来なら〕ここで行っておく必要がある重要で難しい区別に立ち戻ることになるだろう」。ただし、実際どこでこの件が再論されているのかは、かならずしも明確ではない。ある程度言えそうなのは、ほのめかしのたぐいや「情動をあきらかにすること」について第VIII講の後半（一六二―一六三頁）で簡単に言及されていることくらいだろうか。

＊11　原語は connecting particles で、語形変化のない副詞、前置詞、接続詞などのこと。

＊12　タイトルの上などに、その文章のジャンルなどを示すために添えられる表記。

＊13　第二版では、この文の冒頭は「そればかりでなく、発話の内容や仕方から離れ、それとは違うところに……」と変更されている。

＊14　ここの原文は “...does not preserve...” だが、話のつながり具合からすると、あるいは does not は削除して理解したほうがいいかもしれない。だとすると、ここは「……しばしば好都合でもある曖昧表現が遂行体でも保持されている……」となる。

＊15　主語を省いて「感謝します」といったふうにするのが自然な日本語訳ではある。ただ、三段目の「たんなる報告」になると「私は」が入るほうがより自然になるようにも思われ、統一のためにここではあえ

て直訳調にした。このリストの以下の事例も同様。

＊16　トランプゲームの一種「スナップ」でのかけ声。順にカードを出して重ねていき、同じ数字が二枚続いたら「スナップ」と言ってカードの上に手をつく。いちばん早く手をついたプレイヤーが、積まれたカードをすべて自分のものにできる。

＊17　少なくとも現在のチェスのルールでは、チェックの際に「チェック」と発声する義務はないとされている。

＊18　ここでは、第V講（一〇五頁参照）と違って、「ジャドゥブ」が正しく（もしくは冗談としてではなく）使われている。

第Ⅶ講〔明示的な遂行的動詞〕

前回、私たちは原初的遂行体と対比しつつ明示的遂行体を考察し、言語と社会が発達するにつれて、後者が前者からおのずと進化したのではないか、と主張した。しかしながら、この明示的遂行体は、明示的な遂行的動詞のリストを求める私たちの探究に立ちはだかる障害をすべて取り除いてくれるわけではなかった。そして私たちは、明示的遂行体が原初的なものからどのようにして発達するのかをはからずも示してくれる、いくつかの例を挙げた。

例をとったのは、態度型（*behabitives*）と呼べるかもしれない領域からである。これは大まかに言って、ふるまいへの反応や他者へのふるまいに関連する種類の遂行体で、態度と感情の表示を企図するものである。

比べてみよう。

明示的遂行体	純粋でないもの（半ば記述的なもの）	記述的なもの
私は謝罪する	私はすまなく思う	私は後悔している

(I apologize)	(I am sorry)	(I repent)
私は批判する (I criticize) ｝	私はとがめている (I blame)	私は……にむかついている (I am disgusted by)
私は非難する (I censure) ｝		
私は賛意を表する (I approve)	私は……に賛成だ (I approve of)	私は……に賛意を感じる (I feel approval of)
私はあなたを歓迎する (I bid you welcome)	私はあなたを歓迎している (I welcome you)	

私たちは純粋な明示的遂行体の判別テストを提案した。

（1）「しかし、彼は本当に……か？」と問うことにいみがあるか（あるいは、同じいみで問うことができるか）？　私たちは「彼は本当にその人を歓迎したのか？（Did he really bid him welcome?）」を「彼はその人を本当に歓迎していたのか？（Did he really welcome him?）」と同じいみで問うことはできないし、「彼は本当にその人を批判したのか？」を「彼は本当にその人をとがめていたのか？」と同じいみで問うこともできない。〔しかし〕これは、それほどよいテストではない。というのも、たとえば不適切さの可能性があるからだ。新郎が「誓います」と言ったとしても、結婚を問題含みにする不適切さがあったかもしれないから、「彼は本当に結婚したのか？」と問いうるのである。
（2）遂行体の発話抜きで、その行為を行うことができるか？
（3）それを故意に行うことができるか？　喜んで行うことができるか？
（4）それは文字どおり偽になりうるか？　たとえば、私があなたを批判すると言ったとき、私が批判していること（これは、とがめていることとは違う）は偽になりうるか？（もちろん、これはいつでも不誠実にはなりうる[*1]）

言葉遣いや表現構成の仕方の違いを用いたテストも、ときに役に立つ。たとえば、明示的遂行体においては、「私は……に賛成だ（I approve of）」ではなく「私は賛意を表する（I approve）」と私たちは言う。「あんたが海の底に沈んでくれたらいいのに（I wish you were at the bottom of the sea）」と「あんたなんか海の底に沈んでしまえ（I wish you at the bottom of the sea）」の違い、「あなたが楽しんでいてくれたらいいのだが（I wish you were enjoying yourself）」と「お慶び申し上げます（I wish you joy）」の違いを比べてみてほしい。

　こうして結局、私たちは以下のものから遂行体を区別した。

（1）「私は喜びをもって……」のように、純粋にていねいな慣習的・儀式的な言い方から。それらは遂行体とは、かなり違う。儀式的なので誠実性が要求されることはないものの、前述の四つのテストによれば遂行体でないという点で違うのである。これらは限定されたタイプのもので、もしかしたら感情を表明する場面に、あるいはさらに言葉のやりとりにおいて感情を表明する場面に限定されるものである。

（2）行為を言葉に合わせることから。その典型例は、弁護人が意見陳述の最後に言う「意見陳述を終わります」だろう。言葉に合わせられる行為自体が純粋に儀式的なものである場合、こういう言い方はとりわけ純粋な遂行体へと超え出ていきがちである。たとえば、おじぎするという非言語的行為（「私はあなたにごあいさつします」）や「万歳」を唱えるという言語的儀式（「私は賞賛する」）など。

〔以上見てきた〕態度型におけるのと同じように、記述的な発話から遂行的発話への移行現象、そしてそれらのあいだで揺れ動く現象がとりわけよくはびこっている、第二の非常に重要な発話のグループがある。私が説明型（*expositives*）もしくは説明的遂行体と呼ぶものが、それである。その発話の主要部分は一般に、もしくはしばしば、ストレートな「言明」の体裁をしているが、それに明示的な遂行的動詞がつけられていて、その「言明」が会話や問答、対話、あるいは、より一般に説明的談話（exposition）のコンテクストにどのようにはめ込まれるべきかを示すのである。いくつか例を挙げれば、

「私は月に裏側はないことを論断する（argue）（あるいは力説する（urge））」。

「私は月に裏側はないことを結論する（conclude）（あるいは推定する（infer））」。

「私は月に裏側はないことを証言する（testify）」。

「私は月に裏側はないことを認める（admit）（あるいは容認する（concede））」。

「私は月に裏側はないことを予言する（prophesy）（あるいは予測する（predict））」。このように言うことは、論断すること、結論すること、証言すること、返答する（reply）こと、予測すること、等々である。

さて、このような動詞の多くは、十分すぎるほど純粋な遂行体に見える。（真偽になる「言明」に見える節と連接するこういうものがあるのはいまいましいことだが、この点には以前にも言及したし、あとでまた立ち戻る。）たとえば「私は……ことを予言する」、「私は……ことを容認する」、「私は……という仮定を設定する（postulate）」と言う場合、空欄にあてはまる節は、通常まるで言明そっくりに見えるが、しかしこれらの動詞自体は純粋に遂行的であるように思えるのだ。[*2]

態度型に適用した四つのテストをやってみよう。誰かが「私は……という仮定を設定する」と言ったとして、どうなるかと言えば、

（1）「しかし、彼は本当に……という仮定を設定していたのか？」と問うことはできない。

（2）彼はそのように言うこと抜きで仮定を設定することはできない。

（3）「私は故意に……という仮定を設定した」あるいは「私は喜んで……という仮定を設定する」と言うことができる。

（4）「私は仮定を設定する」と言うことは、文字どおりの偽にはなりえない（すでに触れた「二六五頁で、私は……という仮定を設定する」のようないみでのものを除いて）。

これらすべての点において「私は仮定を設定する」は「私は……について謝罪する」や「私は……について彼を批判する」と似ている。もちろん、これら〔説明型〕の発話は不適切にもなりうる——予言する権利などないのに予言したり、「私はあなたがそれをしたと告白する」と言ったり、本当はしていないのに「私がしたと告白する」と言って不誠実になったり、というように。

それでも、こういうものにとても似ていて、同じグループに属するように見えるものの、これらのテストに十分にはパスしないであろう、おびただしい数の動詞がある。たとえば「私は……という仮定を設定する」とは異なるものとしての「私は……ことを想定する(assume)」。たとえ自分がある想定をしている自覚がなかったとしても、あるいはある想定をしている旨の発言をしなかったとしても、〔無意識のうちに、あるいは心中で想定していたとしたら〕私は堂々と「私は……ことを想定していた」と言うはずである。自分では気づかなかったり、口に出さなかったりしても、重要な記述的ないみにおいて、私は何かを想定しているかもしれないのだ。もちろん、たとえばその旨のことを何も言うことなしに、何かを主張していたり、否認していたりすることもあるかもしれない。その際には、「私は主張する」や「私は否認する」と言っていたとしても、それらは当面の論点とは関係のない何らかのいみにおける、純粋な明示的遂行体である。私はうなずいたり、首を振ったりすることもできるし、何か別のことを言うことにおいて、含みによって主張や否認を行うこともできる。しかし、「私は……ことを想定していた」の場合の、何も言わずに何かを想定するというのは、別の何かを言うことによる含みによって可能になるのではなく、ただ黙ってひっそりと座っているだけで可能なことなのだ。一方、そういう想定を否認するには、ただ黙ってひっそりと座っているだけというわけにはいかないのである。

言い換えれば、「私は……ことを想定する」は、そしてもしかしたら「私は……ことを推定する（suppose）」も、「私は……をすまなく思う（I am sorry for...）」と同じような両義的な仕方で機能する。後者は、ときに「私は謝罪する」と同等であり、ときに私の感情を記述し、ときにその両方のことを同時に行う。同じようにして「私は想定する」は、ときに「私は……という仮定を設定する」と同等であり、ときにそうではない。

あるいはまた「私は……ことに同意する（agree）」は、ときに「私は彼のやり方に賛意を表する」のように機能し、ときに「私は彼のやり方に賛成だ」により似た仕方で機能する。後者においては、少なくとも部分的には、私の態度、気持ち、信念の状態が記述されている。ここでもふたたび言いまわしの微妙な変化が重要かもしれない。たとえば「私は……に同意することにする（I agree to...）」と「私は……に同意している（I agree with...）」の違いがある。しかし、これは厳格なテストとは言えない。

態度型で見られたのと同じ一般的現象が、この〔説明型の〕グループでも生じる。私たちは「私は……という前提を設定する（premise）（私は……という仮定を設定する）」を純粋な明示的遂行体だと考え、「私は……という想定を行う」はそうではないとしたが、それとちょうど同じように、次のように考える。


「私は……だと予測を言う（予言する）」は純粋な明示的遂行体であり、「私は……ことを予見する（予期する、予想する）」はそうではない。

「私はその意見を支持する（意見に賛成する）」は純粋な明示的遂行体であり、「私はその意見に同意だ」はそうではない。

「私はそれがそうなのかどうか疑いをさしはさむ」は純粋な明示的遂行体であり、「私はそれがそうなのかどうか怪しむ（疑う）」はそうではない。


これら「仮定を設定する」、「予言する」、「支持する」、「疑いをさしはさむ」等々は、私たちの純粋な明示的遂行体テストをパスするが、残りのものはパスしない、あるいはいつもパスするわけではない。

ここで、ついでに一つだけ注意点を。このような線に沿って私たちは個々の発話をいわば談話のコンテクストにあてはめるわけだが、そのさい、私たちが行うことがすべて明示的遂行体によって行いうることであるかといえば、それは違う。たとえば、私たちは「私は……

ことを含みとする」とか「私はほのめかす」等々と言うことはできないのである。

〔話を戻して〕態度型と説明型は、こういう現象が起こる二つのきわめて重要なグループである。しかし、これは他のグループでも見出せるのであって、たとえば私が判定型(*verdictives*)と呼ぶものにおいて見られる。「私は……と判決を下す」、「私は……と判決する」、「私は……とみなす」、「私は……と日時を定める」が、この判定型の事例である。もしあなたが判事で、「私は……と判決する(I hold that...)」と言ったとしたら、それはすなわち判決することである。〔しかし〕資格が疑わしい人物が言ったとしたら、そう明確ではなくなる。その場合、これはたんに内心の状態の記述なのかもしれない。[*3] 通常の方法としては、こういう難点は「評決」、「私は……の側を勝訴と評決する」、「判決を下す、……」といった特別な言葉の発明によって回避されうる。しかし、そうでない場合、発話の遂行的な性質は、やはりまだ部分的に発話のコンテクストに依拠することになる。たとえば、判事が現に判事であること、法服を着て判事席にいること、等々。

これとどこか似たものとして、「私はxなるものをyなるものとして分類する」のケースがあるだろう。すでに見たように、[*4] ここには二重用法がある。純粋な明示的遂行体と、私が習慣的に行っているその種の行為の記述の両方にまたがるものである。[*5] 私たちは「彼は本当は……に分類していない」と言うかもしれないし、「彼は〔いままさに〕……に分類してい る」と言うかもしれない。そして、彼は何も言わないまま分類を行っているかもしれない。このケースは、単独の行為の遂行によって話し手が拘束されるケースと区別しなければならない。たとえば「私はxをyと定義する」は、話し手はいつもそうしているのだと言明するのではなく、一つの語句をもう一つの語句と同義のものとして使用するという一定の規則的行為へと話し手を拘束するものだ。この脈絡では「私は意図する」を「私は約束する」と比較するのが示唆的である。

　見た目のうえでは明示的な遂行的動詞に見える、あるいはそのように示唆される動詞でも、それ自体として、感情や内心の状態や気持ち等々の真または偽になる記述として機能するのかどうか、あるいは時折もしくは部分的にそう機能するのかどうか、という問題については、このくらいにしよう。しかし、このような事例のタイプは、遂行的な性格をもつにもかかわらず、発話全体としては本質的に真または偽になるように思えるという、これまでも注意をうながしてきた広範な現象をまたしても示唆する。〔とはいえ〕たとえば陪審員でない人が言う「私は……と判決する／思う（I hold that...）」や「私は予期する」を中間的なものとして受けとめて[*7]、仮にそれらが記述や言明を行っているとしても、それらが記述もしくは言明することのすべては話し手の信念や予期についてのものだと考えるのは馬鹿げている。そんなふうに考えるのは、それこそ『不思議の国のアリス』式のやりすぎの鋭敏さというもので、その世界では「私はpと考える」は話し手自身についての言明であり、「それはあんたについての事実にすぎないでしょ」と言い返されるかもしれないようなものなのである（「あたし、やっぱりなさそう——」とアリスが言いかけるとイモムシだか誰だったかが言う、「だったら、しゃべるなよ[*8]」）。「言明する」とか「断言する」といった純粋な明示的遂行体に関して言えば、たとえそれらの発話が言明することや断言することといった行為の遂行であっても、全体としては確かに真または偽になるものである。そして、これまで繰り返し指摘してきたように、〔クリケットの審判が発する〕「オーバー」のような、あきらかに古典的な遂行体であるようなものも、たとえ「プレイ」のような他のものがそうでないとしても、事実を記述することとたいへん近しい関係をもっているのである。

しかしながら、これはそんなに悪いことではない。私たちは、当の発話がどう受け取られるべきかを、すなわち（予測等々とは異なるものとしての）言明であることを明確にする遂行的な部分[*9]（私は……〔である〕ことを言明する（I state that））を、「……ことを（that-）」節には め込まれ、真または偽になることが要求される部分から、区別できるかもしれないからである。しかしながら、言語の現段階ではこのように二つの部分に分けることができないケースがたくさんあるし、たとえある種の明示的な遂行的動詞を含むように見える発話であっても、そういうものがある。たとえば「私はxをyになぞらえる（I liken x to y）」、「私はxをyへと分析する（I analyse x as y）」といったものがそうだ。ここで私たちは、少なくとも疑似遂行的な（quasi-performative）性格をもつ簡明な言いまわしを使って、なぞらえることと類似性の存在を主張することの両方を行っている。いまはただ、先を急ごう。私たちはまた「私は……ことを知っている」、「私は……ことを信じる」などを挙げることができる。これらの事例の複雑さは、どれほどのものだろうか。〔少なくとも〕私たちはこれらを純粋に記述的なものとみなすことはできない。

さて、少し立ち止まって、いま私たちがどういう地点にいるのかを考えてみよう。遂行的発話と確認的発話の対比という想定からスタートしたものの、私たちが見出したのは、不適切さが遂行体だけでなく、両方の種類の発話を特徴づけるものであることを示す十分な証拠だった。そして、事例ごとに違いはあるものの、事実と一致することや、事実と何らかの関係をもつことの必要性が遂行体を特徴づけることを示す十分な証拠もまた、見出されたのだった。そのような遂行体は、適切でなければならないという必要性に加え、確認体と想定されるものが特徴づけられるのと似た仕方で、事実と関係することが必要になるのである。

それから、私たちは遂行体の文法的基準を見出すことに失敗した。それでも、ひょっとするとすべての遂行体は原理的に明示的遂行体の形式に変形しうると主張できるかもしれない、そしてそれなら遂行的動詞のリストをつくることができるかもしれない、と考えた。しかし、それ以降の私たちは、たとえある発話が見かけ上あきらかに明示的な形式をしていたとしても、それが遂行的なのか否かを確定するのはしばしば簡単でないことを見出すばかりであった。ともあれ、典型例として、私たち〔の言語〕には依然として「私は……ことを言明する」という形の発話が存在する。これは遂行体であるための要件を満たしているように思えるのに、それでも間違いなく言明を行うものであり、確かに本質的に真または偽になるのである。

ということで、いまやこの問題について新たなスタートを切るべきときが来た。私たちとしては、何かを言うことが何かを行うことになりうるということのいみについて、あるいは何かを言うことにおいて（in）何かを行うということのいみについて、より一般的に考え直してみたい（そしてまた、何かを言うことによって（by）何かを行うという、また違ったケースについても考えることになるかもしれない）。あるいはここで、いくぶんかの明確化と定義づけが、ことの錯綜から私たちが脱け出す助けになるかもしれない。というのも、「何かを行うこと」というのは、とにかくひどく漠然とした表現だからだ。そもそも、どんな発話[*10]を発したとしても、それは「何かを行っている」ことになるのではないか？　ここで私たちが「行為」について語る仕方には、他の場合と同じように、混乱に陥りやすい傾きが確かにある。たとえば、私たちは言葉の人と行動の人という対比をして、前者について、そういう人は何もしなかったとか、おしゃべりしたりものを言ったりしたにすぎない、などと言うかもしれない。さらにまた、たんに何か考えるだけのことと、実際にそれを（声に出して）言うことを対比させるかもしれない。そういうコンテクストでは、言うことは何かを行うことであるのだ。

　いまや「発話を行う」という状況について詳細に論じるときである[1]。手始めに、〔「発話を行う」の〕ある一群のいみに（A）のラベルをつけよう。それらのいみにおいては、何かを言うことはつねに何かを行うことでなければならない。これら一群のいみは、一緒になって、つまるところ「言う（say）」の十全ないみにおける、何かを「言うこと（saying）」になる。表現の仕方や細部にこだわらなければ、たぶん同意を得られると思うのだが、何かを言うこととはすなわち、

（A.*a*）つねに一定の音声を発する行為（「音声」行為（'phonetic' act））を遂行することであり、〔この面での〕発話は音声である。

（A.*b*）つねに一定の音語[*11]（vocables）や単語を発する行為を遂行することである。音語や単語とは一定の語彙に帰属する一定のタイプの音声のことだが、それは一定の語彙に帰属するものとして一定のタイプの音声になる。このことは一定の構造、すなわち一定の文法に従い、一定のイントネーション等々と一致することにおいて成り立つが、それもまた、そのようなものとして一定の構造になっている。この行為は「用語」行為（'phatic' act）と呼ぶことができるだろう。このようなものとしての発話は「用語素」（'pheme'）を発する行為である（これは言語学の理論で言われる言素[*12]（phememe）とは異なる）。そして、

（A.*c*）一般に、多かれ少なかれ一定程度明確な「いみ（sense）」と「指示対象（reference）」（これらが合わさったものが「意味（meaning）」に相当する[*13]）をともなって、用語素やその構成要素を用いる行為を遂行することである。この行為は「意味」行為（'rhetic' act）と呼ぶことができるだろう。このようなものとしての発話は「意味素」（'rheme'）を発する行為である。

原注

（1）いつでも言及することにはならないが、しかし心にとめておくべきなのは「退色」の可能性である。演技、フィクションや詩作、引用や暗誦などで言語が用いられるとき、この現象が起こる。

訳注

＊1　念のために確認しておくと、（1）×、（2）×、（3）○、（4）×の場合、その発話は明示的遂行体であることになる。

＊2　postulate は「仮定する」と訳すのがふつうだが、それだと無言で心の中で仮定するようなことも含まれかねない。あくまで明言的に仮定する意味合いを出すため、やや不格好ながら「仮定を設定する」の訳語をあてる。

＊3　hold には「判決する」のほかに、より日常的な「思う、考える」といった意味もある。その場合、"I hold that…" は「私は……と思う、考える」という意味になる。

＊4　第Ⅵ講の冒頭近くに出てくる三つの難点の（1）で言及されている（一一一頁）。

＊5　第二版では、この文は次のように変更されている。「私を一定の未来の行為へと拘束する純粋な明示的遂行体と、私の内心ではなく、いつもしているふるまいの記述の両方にまたがるものである」。

＊6　第二版では、このあとに「一定の規則的な行為へと」という語句が挿入されている。

＊7　第二版では、この箇所は「……「私は予期する」のような中間的なものを取り上げて」と変更されている。

＊8　ここで言及されているのは、ルイス・キャロル『不思議の国のアリス』第七章のお茶会（後掲の邦訳では「め茶く茶会」）のシーンで、「だったら、しゃべるなよ」の台詞は正しくは帽子屋のもの。絵の話題になって、ネムリネズミに「あんた、まるごと（muchness）の絵なんて、見たことあるかい？」と聞かれ

たアリスが「あたし、やっぱりなさそう――」と答えかける。原文は"I don't think―"なので、帽子屋に「だったら（＝何も思わないなら）、しゃべるなよ」と返されてしまうわけである。台詞の訳は、矢川澄子によるもの（『不思議の国のアリス』矢川澄子訳、金子國義絵、新潮社（新潮文庫）、一九九四年、一〇七頁）を引用。

＊9 原文どおりに訳すと、ここは「遂行的な冒頭部分」となるが、第VI講の訳注＊5と同様の事情により、「遂行的な部分」とした。

＊10 第二版では、ここに次のような注が追加されている。「私は「発話（utterance）」をもっぱら発話されたもの（*utteratum*）と同義のものとして用いる。発話すること（*utteratio*）にあたるものとしては、「発話を発すること（the issuing of an utterance）」を用いる」。

＊11 意味とは関係なく音声や文字による構成物として見た場合の語のこと。

＊12 「言語信号行為の最少無意味単位」のこと（ブルームフィールド『言語』三宅鴻・日野資純訳、大修館書店、一九六二年、三五一頁）。

＊13 フレーゲの有名な「意味（Bedeutung / reference）」と「意義（Sinn / sense）」の区別を踏襲している。意味は指示対象のことであり、意義はその（認識上の）「与えられ方」やそれへの「たどりつき方」のことである。フレーゲは、語や文などの言語表現は総じてこの二重性をもつとして、そこからたとえば「宵の明星は明けの明星である」のような同一性言明（「宵の明星」も「明けの明星」も金星を指示する）が同語反復にならないことを説明した。「宵の明星」と「明けの明星」の意味は同じだが、意義は違うからである（ゴットロープ・フレーゲ「意義と意味について」野本和幸訳、『言語哲学重要論文集』松阪陽一編訳、春秋社（現代哲学への招待）、二〇一三年）。ここからするとreferenceは「意味」、senseは「意義」としてもよいかもしれないが、しかし英単語としての自然な語感に寄り添い、前者は「指示対象」、後者は「いみ」と訳すことにする（漢字表記の「意味」はmeaningにあてる）。

第Ⅷ講〔発語行為、発語内行為、発語媒介行為〕

明示的な遂行的動詞のリストを見出そうというプログラムに着手してみると、私たちは遂行的発話を確認的発話から区別するのはいつでも簡単というわけではないことを見出しているように思われた。そこで好都合に思えたのは、しばしことの基本へとさらに立ち戻ること――すなわち、根本的なところから、何かを言うことが何かをすることであるという場合、そこにいくつのいみがあるのか、あるいは何かを言うことにおいて（*in*）何かをするという場合はどうか、さらには何かを言うことによって（*by*）何かをするという場合はどうか、と考えてみることであった。そして、手始めに私たちは、何かを言うことがまったく通常のいみで何かをすることであるという、それ自体は明白なことを言う場合、そこにまとめて含まれる「何かをすること」がもつ複数のいみの全体を仕分けすることにした――そこに含まれるのは、一定の音声を発すること、一定の構造のなかで一定の単語群を発すること、そしてそれらを一定の「意味」、哲学的に好まれるいみでの意味、すなわち一定のいみと一定の指示対象をともなうものとしての意味をもって発すること、である。

このまったく通常のいみでの「何かを言うこと」という行為を、私は発語行為

(locutionary act) の遂行と名づけ、そう呼ぶ。そして、ここまで行ってきた、この面における発話の研究を、発語 (locution) の研究もしくは発言 (speech) の十全な単位の研究と名づけ、そう呼ぶ。私たちのここでの関心は、もちろんもっぱら、今後私たちの主たる関心事となる他の諸行為から区別するために、発語行為が何であるかを完全にあきらかにすることにある。ただ、一つだけ付け足させていただくと、もちろん発語行為それ自体について議論するとなれば、非常にたくさんのさらなる改善が可能であり、また必要でもあるだろう——この改善は、哲学者たちにとってだけでなく、たとえば文法学者や音声学者にとってもきわめて重要なものである。

私たちは、音声行為、用語行為、意味行為の三つのあいだで、大まかな区別を行った。音声行為は、たんに一定の音声を発する行為である。用語行為は一定の音語群や単語群を発する行為であり、その音語・単語とは、一定の語彙に帰属し、かつそのことによって当の音声タイプになる、また一定の文法に従い、かつそのことによって当の語彙になる、一定のタイプの音声である。意味行為は、そうした音語群を多かれ少なかれ一定程度明確ないみと指示対象をともなって用いる行為の遂行である。そこで、たとえば「彼は「猫がマットの上にいる」と言った」は用語行為の報告となり、一方「彼は猫がマットの上にいることを言った」は意味行為の報告となる。似たような対比の例として、以下のようなペアも挙げられるだろう。

「彼は「私はそこに行くだろう」と言った」[*1]、「彼は自分がそこに行くだろうと言った」。

「彼は「出ていけ」と言った」、「彼は私に出ていくよう告げた」。

「彼は「それはオックスフォードにあるの？　それともケンブリッジに？」と言った」、

「彼はそれがオックスフォードにあるのか、それともケンブリッジにあるのか尋ねた」。


当面の必要は超えるけれども、この種のことをそれ自体として追究してみるために、心にとめておく価値のあるいくつかの一般的なポイントに言及しよう。

（1）用語行為を遂行するためには、あきらかに音声行為を行わなければならない。あるいは、こういう言い方がお好みなら、私は一方を遂行することにおいて他方も遂行している（しかし、用語行為が音声行為の部分集合というわけではない――それは、むしろ音声行為に帰属するものである）[*2]。しかし、逆は真ではない、なぜならもしも猿が「行け」と区別できない音声を発したとしても、それはやはり用語行為ではないのだから。

（2）これもあきらかだが、用語行為の定義では、二つのこと、つまり語彙と文法が一緒にされている。だから私たちは、たとえば次のように発する人〔のそれぞれ〕に、専用の名前をまだ与えていないことになる。「猫が徹底的にもしもを（cat thoroughly the if）」あるいは「しなねばトオヴ、じゃいった[*3]（the slithy toves did gyre）」。また、文法や語彙と並んでイントネーションも、さらなるポイントとして浮上してくる。

（3）用語行為は、しかしながら、音声行為と同じように、本質的に模倣可能、再現可能である（イントネーション、ウインク、ジェスチュアなどを含め）。引用符のなかの「彼女は美しい髪をしている」という言明を模倣できるだけでなく、以下のような感じで言ったというような、より複雑なことも模倣できる。「彼女は美しい髪をしている」（肩をすくめる）。

これは「言った」の〔いわば〕「引用符」的用法で、小説から拾い出せるたぐいのものである。あらゆる発話は引用符にくくって、あるいは引用符のあとに「と彼は言った」を、あるいはより頻繁には「と彼女は言った」[4]などを付け加えて、正確に再現することができる。

しかし、意味行為は、主張のケースで言えば、「彼は猫がマットの上にいることを言った」、「彼は自分が行くだろうと言った」、「彼は私が行くべきだと言った」（彼の言葉は「あなたが行くべきだ」）と言うことによって報告されるものである。いわゆる「間接話法」だ。もしいみや指示対象が明瞭に理解されていなかったら、〔発話の〕全体もしくは一部が引用符にくくられることになる。たとえば「彼は私が「大臣」のところに行くべきだと言ったが、しかしどの大臣かは言わなかった」とか「私が彼のふるまいがよくないことを言うと、彼は「高みに昇るほど得るものは減る」と答えた」といった具合に。[5]しかしながら、いつでも「……ことを言った（said that）」を容易に使えるわけではない。命令法が使われた場合は、「……〔する〕ように告げた（told to）」や「……〔する〕ように助言する（advise to）」などと言うし、あるいは「私が……〔する〕べきだと言った（said I was to）」や「私が……〔し〕なければならないと言った（said I should）」など、それらと同等の言いまわしを使う。これらを「私を歓迎してくれた（bade me welcome）」や「彼の謝罪の意を示した（extended his apologies)」といった言いまわしと比較されたい。

意味行為について、もう一点追加を。もちろん、いみと指示（名づけることと指示すること）それ自体は、目下の論点では、意味行為の遂行において遂行される付随的な行為である。だから、私たちは「私は“bank”[*6]によって……を意味した」と言うことができるし、「「彼」によって私は……を指示していた」とも言う。指示することや名づけることを抜きにして意味行為を遂行することは可能だろうか？　一般的には、そんなことは無理、というのが答えになりそうだが、しかし難問的なケースもある。「すべての三角形は三つの辺をもつ」における指示対象は何だろうか？　これに相応するようにして、あきらかに、私たちは用語行為ではない意味行為はできないが、意味行為ではない用語行為を遂行することはできる。たとえば、誰かの発言やつぶやきをそのまま幾文かにわたって復唱することができるし、言葉の意味がわからなくてもラテン語の文を音読することができる。

「タイプ」のいみでにせよ「トークン」[*7]のいみでにせよ、ある用語素や意味素が他の用語素や意味素とどういう場合に同一になるのかという問いや、何をもって一つの用語素や意味素とされるのかという問いもあるが、ここではあまり関係ない。けれどももちろん、大事なこととして心にとめておくべきは、同一の用語素（同一タイプのトークン）であっても、発話の機会が異なれば[*8]、異なるいみと指示対象での使用が可能であり、それゆえ異なる意味素になりうるということである。〔一方〕異なる用語素が同一のいみと指示対象で使用される場合、私たちはそれらを意味的に同等の行為（一つのいみでの「同一の言明」）と言うかもしれない。ただし、同一の意味素や意味行為（もう一つのいみでの同一の言明、つまり同一の語を使った言明）とは言わないが。

用語素は言語（*language*）の単位である。その典型的なしくじりは、ナンセンスになること――意味を欠くこと――である。しかし、意味素は発言（*speech*）の単位だ。その典型的なしくじりは、漠然としていること、空虚であること、不明瞭なこと、等々である。

以上はたいへん興味深いものではあるけれども、では遂行的発話と対比されるものとしての確認的発話という私たちの問題に何かしら光をあててくれるかといえば、これまでのところ、まったくそうではない。たとえば「そいつが突進してくる」という発話に関して、ここまで区別をつけてきたあらゆるいみにおいて、この発話で「何が言われているのか」がまったくあきらかであるとしよう。しかし、それでもなお、その発話において警告の行為が行われていたのか否かについては、まったく未解決であることが完璧に可能なのである。「そいつが突進してくる」や「ドアを閉めろ」によって私が意味することはまったくあきらかなのに、言明として言われたのか、それとも警告その他なのかはあきらかでない、ということがありうるのだ。

一つの発語行為を行うことは一般に、同時に、そしてそれ自体において《エオ・イプソ》、一つの発語内行為（*illocutionary act*）を行うことである、と言うことができる。この呼び方は、私の提案である。どんな発語内行為が遂行されたかを決定するには、発語行為がどんな仕方で用いられているかを決定する必要がある。[*9]

質問をすること、それに答えること、
何らかの情報を与えること、請け合うこと、警告すること[*10]、
評決を言い渡すこと、意図を表明すること、
判決を下すこと、
任命すること、抗議すること、批判すること、
同一視すること、記述を与えること、

などなど、同類のものは膨大にある。（私はけっして、これが明確に定義されたグループだと提案しているわけではない。）ここで言うそれ自体《エオ・イプソ》においてには、ミステリアスなところは何もない。難点はむしろ、「それをどんな仕方で用いているか」のような漠然とした表現に、いくつもの違ったいみがあることだ――これは発語行為を指すかもしれないし、さらにはこのあとすぐに言及する発語媒介行為を指すかもしれない。発語行為を遂行するとき、私たちは発言を使用する。しかし、この場合、正確にはどういう仕方で発言を使用しているのか？　というのも、発言の使用には膨大な数の機能があり、また膨大な数の発言の仕方があって、この場合に私たちがどの仕方で、そしてどのいみで発言を「使用して」いたのかということは、あるいみ――（B）のいみ[1]――での行為に多大な違いをもたらすからである。助言していたのか、それともたんに提案していたのか、あるいはじつのところ命令していたの

か、固く約束していたのか、それともただ漠然とした意図を表明していただけなのか、等々は多大な違いをもたらすのだ。こうした争点は、文法の領域に多少なりとも侵入していて、そこにいくぶんかの混乱も生んでいる（前述を参照）[*11]。しかし、（日常でも）私たちはたえずこれらの争点について論争しているのだ。一定の言葉（一定の発語行為）は、質問の力をもっていたのか、それとも推測として受け取られるべきだったのか、等々のような言い方で。

すでに説明したように、この新しい第二のいみでの行為の遂行は「発語内」行為の遂行である。すなわち、何かを言うことである（*of*）行為の遂行に対置されるものとしての、何かを言うことにおける（*in*）行為の遂行である[*12]。ここで問題になっている言語が機能する仕方のさまざまなタイプについての理論を、私は「発語内の力（illocutionary forces）」の理論と呼ぶことにしよう。

すると、こう言えるかもしれない。哲学者たちは、あまりにも長いあいだこの方面の研究を無視し続け、すべての問題を「発語行為的な使用」の問題として扱ってきた。まったくのところ、第Ⅰ講で言及された「記述的誤謬」は通例、前者の種類の問題を後者の種類の問題だと取り違えるところから生じるのである。私たちはいまや、そういうことから脱しつつある。何年かかけて私たち[*13]がいよいよはっきりと了解するようになってきたのは、発話の状況というものがかなり重要であること、そして使用される言葉は、それらが言語的やりとりのなかで話されるよう目論まれたり、実際に話されたりする「コンテクスト」によって一定程度「説明される」べきだ、ということである。それでもなお、私たちはそういう説明を「言葉の意味」という観点から行おうとしすぎる傾向にあるのかもしれない。確かに、私たちは発語内の力のことを言う場合でも「意味（meaning）」を使うことができる――「彼はそれを命令のつもりで言った（He meant it as an order〔彼はそれを命令として意味した〕）」などのように。しかし、私は力と意味を区別したい。ここで言う意味はいみと指示対象を合わせたものと同等だが、その意味の内部で[*14]、いみと指示対象を区別するのが不可欠になっているのとちょうど同じように、〔発話の内部で〕力と意味を区別したいのである。

　そればかりでなく、私たちはここで「言語の使用」や「文の使用」等々という表現の、さまざまな使われ方の実例を手にしている――「使用」というのは絶望的に曖昧で幅広い言葉だが、それは曖昧さや幅広さゆえにあざ笑われるのが通例になってしまった「意味」という言葉と、ちょうど同じである。しかし、〔「意味」を〕「使用」に交代させてみても、実情はそれほど改善しない。個々のケースで「文の使用」を発語行為のいみで完全に明確にしたとしても、発語内行為というみでの使用については、まるで手つかずかもしれないのだ。

　この発語内行為の概念により磨きをかける前に、発語行為と発語内行為の両方を、さらなる第三種の行為と対比しておこう。

　ある発語行為を遂行することと、そのなかで発語内行為を遂行することは、さらなるいみ（C）において、もう一つの種類の行為をも遂行することでありうる。何かを言うことは、しばしば聞き手や話し手、もしくは他の人びとの感情、思考、行動に一定の結果的効果をしばしば生み出すものだし、むしろそれがふつうである。そして、それはそういう効果を生み出そうという目論みや意図、目的をもって行われることもある。そこで、このことを考慮に入れると、話し手は、以下に示す用語法にある発語行為と発語内行為の遂行に（C.*a*）間接的にのみ関連づけられる、あるいは、（C.*b*）まったく関連づけられないある行為を遂行した、と言えるだろう。[*15] 私たちは、この種の行為の遂行を、発語媒介行為（*perlocutionary* act）あるいは発語媒介行為[*16]（*perlocution*）の遂行と呼ぶことにしよう。[*17] いまはまだ以上のアイデアをより入念に定義することはせず――もちろん、それは必要なことだが――、単純に事例を提示してみよう。

（例1）

行為（A）あるいは発語行為

彼は私に「彼女を撃つのだ！」と言った、「撃つ」で撃つことを意味しつつ、そして「彼女」で彼女を指示しつつ。

行為（B）あるいは発語内行為

彼は私に彼女を撃つようながした（あるいは助言した、命令した、等々）。

行為（C.*a*）あるいは発語媒介行為

彼は彼女を撃つことを私に納得させた。

行為（C.*b*）
　彼は私に彼女を撃たせた（あるいは私が撃つようにさせた、等々）。

（例2）
行為（A）あるいは発語行為
　彼は私に「あなたはそんなことをしてはいけない」と言った。
行為（B）あるいは発語内行為
　彼は私の行いに抗議した。
行為（C.*a*）あるいは発語媒介行為
　彼は私を考え直させ、引きとめた。
行為（C.*b*）
　彼は私を制止した、彼は私を正気に戻した、等々。彼は私をいらつかせた。

似たようにして、私たちは発語行為「彼は……〔である〕ことを言った」を発語内行為

「彼は……ことを論断した」から、そして発語媒介行為「彼は私に……ことを得心させた」から区別することができる。

発語媒介行為における結果的効果とは、リアルに結果と言えるもの（すなわち、因果的結果）であることがわかるだろう。そこには、たとえば話し手が約束することによって、その約束に拘束される、といった慣習的効果は含まれない（そういう効果は、発語内行為に入るものである）。[*18] 私たちがリアルな効果のリアルな発生だと感じるものと、たんなる慣習的結果とみなすもののあいだには、はっきりと違いがあるのだから、区別をすることが必要なのかもしれない。[*19] いずれにせよ、この点には、あとで立ち戻ることにしよう。[*20]

こうして、私たちは大まかに三種類の行為を区別した——発語行為、発語内行為、そして発語媒介行為。(2) 大まかさはいまはこのままにしておいて、これら三つのグループについて、いくつか一般的なコメントをしておこう。まずは、ふたたび「言語の使用」について、三つのポイントを。

（1）この連続講義における私たちの関心は、本質的に第二の種類の行為、すなわち発語内行為に注意をそそぐことにあり、そしてそれと他の二種の行為を対比することにある。哲学には、他の二種のどちらかを好んで発語内行為を黙殺する恒常的な傾向がある。しかし、それは他の二つと違うのである。「意味」や「文の使用」といった表現が発語行為と発語内行為の区別をどのようにぼやけさせうるかについては、すでに見た。いまや私たちは、言語の「使用」について語ることが似たようにして発語内行為と発語媒介行為の区別をぼやけさせうることに気づく――そこで、いますぐ両者をより注意深く区別してみることにしよう。「論断することや警告することのための「言語」の使用」について語ることは、「納得させることや奮起させること、警戒させることのための「言語」の使用」と、とてもよく似ている。しかし、大まかに対比するならば、前者は慣習的（*conventional*）だと言えるだろう。少なくとも前者は遂行的な表現によって明示的にされうるといういみにおいて、そうなのである。しかし、後者はそういうふうにはできない。たとえば、私たちは「私は……ことを論断する」、「私はあなたに……ことを警告する」とは言えるが、「私はあなたに……ことを得心させる」、「私はあなたに……ことを警戒させる」とは言えない。さらには、誰かが論断していたか否かについては完全にはっきりさせつつ、その人が誰かを得心させようとしていたか否かという問いにはまったく触れないでいることも可能なのである。

（2）議論をさらに進め、「言語の使用」という表現は発語内行為と発語媒介行為以外の、より多様ですらあることがら[21]をカバーできるものである次第をはっきりさせよう。たとえば、私たちは何かのための（*for*）、たとえば冗談を言うための「言語の使用」について語ることができる。「において（in）」についても、「「p」と言うことにおいて私は冗談を言っていた」とか「役を演じていた」とか「詩を書いていた」のように、発語内行為での「において」とは違った仕方で使用することができる。さらにまた「詩における言語の使用」とは異なるものとしての「言語の詩的使用」について語ることもできる。これら「言語の使用」[22]への言及は、発語内行為とはまったく関係がない。たとえば、私が「流れ星を拾いにゆけ（Go and catch a falling star)」と言ったとして、この発話の意味と力が両方ともきわめてあきらかだとしても、いま見てきたような違った種類のことのうち、どれを行っている可能性があるかについては、まったく未解決ということが、なおありうるのだ。「真剣でなく」、「まったく通常の用法」とも言えない言語の寄生的用法もある。[*23]〔そこでは〕指示に関する通常の制約が宙づりにされたり、標準的な発語媒介行為への試みがなされなかったり、あるいはウォルト・ホイットマン[*24]が自由の鷲に天駆けよと本気で励ますわけではないように、聞き手に何かをさせようという試みがなかったりする。

（3）さらに、何かを言うこととの何らかの関連において、私たちが「行う」ことには、少なくとも直観的にはこの大まかに定義されたグループのどれにもぴったりとは帰属せず、あるいは一つ以上のグループにぼんやりと帰属するように見えるものが、いくつかありうる。冗談を言うことや詩を書くこととは違って、第一印象としては前記三つの行為とはっきりかけ離れているようには見えないもののなかに、そういう例が見られるのだ。たとえば、ほのめかし（*insinuating*）、すなわち私たちが発話を行うことにおいて、もしくは発話を行うことによって何かをほのめかすことは、発語内行為におけるのと同様に、一定の慣習を含んでいるように見える。しかし、私たちは「私は……とほのめかす」と言うことはできない。ほのめかしは、発話的な含意と同様、たんなる行為というより、一種の巧妙な効果であるように思われる。さらに、情動をあきらかにする、という事例もある。私たちは、たとえば罵《ののし》る（**swear**）ときのように、発話を行うことにおいて、もしくは発話を行うことによって、情動をあきらかにすることができる。しかし、ここでもまた、遂行的表現やその他の発語内行為の装置は使いようがない。私たちは感情をやわらげるために罵り[3]を使用する、と言えるかもしれない。注意しなければならないのは、発語内行為は慣習的な行為であり、つまりある慣習に一致するという仕方でなされる行為であることだ。

次の三つのポイントは、行為がまさに行為であるがゆえに、重要なこととして浮かび上がってくるものである。[*25]

（4）私たちが見出した三種のものは、すべて行為の遂行であるがゆえに、すべての行為が受け継ぐ災難に関する斟酌を必要とする。必要なのは「xを行うという行為」、すなわちxを達成することと、「xを行うのを試みるという行為」を体系的に区別する構えである。たとえば、警告することと警告を試みることは区別しなければならない。[*26] こういうところにも不適切さを予想しなければならない。

（5）行為が行為であるがゆえに、私たちは効果や結果を発生させる個々の事例のあいだにある差異を、いつも心にとめておかなければならない。それらの効果や結果は、意図的だったり、そうでなかったりする。さらに、（i）話し手がある効果の発生を意図したにもかかわらず、そうならないかもしれないことと、（ii）話し手がその効果の発生を意図していない、もしくは発生しないように意図しているにもかかわらず、そうなってしまうかもしれないことも、区別しなければならない。やっかいな事態（i）への対処にあたって、私たちは、さきほど触れたように、試みと達成の区別を引き合いに出す。また、事態（ii）への対処にあたっては、否認という通常の言語装置（「意図していないのに（unintentionally）」のような副詞、等々）を援用する。[27]これは、およそ行為を行うこと全般において、私たちが〔必要とあらば〕個人的に使えるように保持している手段である。[28]

（6）さらに私たちがもちろん認めなければならないのは、行為は行為として、ときに厳密に言えば行うことにはならないようなものに変容しうることである。たとえば、強制のもとでとか、そうしたたぐいの仕方でなされた場合。それとは別の、完全には行為を行うことにならないかもしれない仕方については、さきほど（2）で言及した。[29]

（7）最後に、私たちは行為についての一般的な理論の観点から、発語内行為と発語媒介行為への反論――すなわち、一つの行為という概念が不明瞭だという反論――に対応しなければならない。私たちは一つの「行為」というものを、私たちが行う一定の身体的なことがらとして理解しており、それは慣習から、そして帰結からも区別されている。しかし、

（*a*）発語内行為は、そして発語行為でさえ、慣習を含むことがある。おじぎをするという事例を考えていただきたい。[30]おじぎがおじぎであるのは、ひとえにそれが慣習的だからであり、慣習的だからという理由のみにもとづいて行われるからである。また、壁を蹴ること(kicking a wall) とゴールを蹴ること (kicking a goal) の違いも比べてみられたい。

（*b*）「xすることによって私はyしていた」と言うときのように、発語媒介行為は、何らかの点で結果であるものを含みうる。[31]私たちは、この「結果」というものをつねに大小さまざまに伸び縮みさせていて、その一部は「非意図的」であったりもする。〔だから〕最小限

の身体的行為への制限など、まったく存在しないのだ。私たちは行為の「結果」とも呼びうるものを漠然とした[32]長さに引き伸ばし、それを行為自体[33]に繰り入れることができるが、これはすべての「行為」一般に関する私たちの言語の理論における基本的な当然事であり、またそうでなければならない。たとえば「彼は何をした？」という問いにたいする私たちの答えは、「彼はロバを撃ったのだ」でも「彼は銃を撃ったのだ」でも「彼は引き金を引いたのだ」でも「彼は引き金にかけた指を動かしたのだ」でもありうるし、そのどれもが正しいことにもなりうる。そこで、おじいさんの夕食に間に合わせるべく豚を家に入らせようとおばあさんが奮闘する昔話をつづめて言うのに、私たちは最後の手段としてこう言うかもしれない、猫が豚を駆り立てて柵を越えさせる話、あるいは猫が豚に柵を越えさせる話、あるいは豚が柵を越えるということをもたらす話、と。[34] このような場合に、行為B（発語内行為）と行為C（発語媒介行為）の両方に言及するとしたら、私たちは「Bすることにおいて彼はCした」ではなく「Bすることによって彼はCした」と言うだろう。これが、行為Cを発語内行為と異なるものとして、発語媒介行為と呼ぶ理由である。

　次回は、三種の行為とその成員、そしてそこから外れるものについても、それぞれいくらかは明確にすることを視野に入れつつ、三種の行為の区別や、「xすることにおいて私はyしている」と「xすることによって私はyしている」という表現に立ち戻ろう。ちょうど発語行為がそうであるように、発語内行為と発語媒介行為もいくつものことを一度に完遂しうるものであることを、私たちは目にすることになるだろう。

原注

（1）後述一五八頁を参照されたい。

（2）［原稿のこの箇所には、一九五八年に追加された次のメモ書きがある。「（1）これはすべて不明瞭、（2）そして、あらゆるいみにおいて関連がある（（C）とは異なるものとしての（A）と（B））、すべての発話が遂行体にならないか？」〔訳注：第二版では、この注は削除されている〕］

（3）'swearing'は両義的である〔「誓い」と「罵り」という両極端の意味をもつ〕。「私は聖母マリアにかけて誓う（I swear by Our Lady）」は、聖母マリアにかけて誓いを行うことである。しかし、「チクショー（Bloody）」は〔罵り言葉であり〕、聖母マリアにかけて誓いを行うことではない〔訳注：罵り言葉"bloody"の語源として、"by Our Lady"の音が訛ったもの、という説がある〕。

訳注

＊1 第二版では、この前に次の例が追加されている。「彼は「猫がマットの上にいる」と言った」、「彼は猫がマットの上にいると（いうことを）言った」。

＊2 第二版では、ダッシュ以下が次のように変更されている。「私たちは用語行為を、一定の語彙に帰属するものとしての音語を発することと定義した」。

＊3 前者は語彙はよくても文法的に変な例、後者は文法的にはまともでも語彙がでたらめな例。後者は、ルイス・キャロル『鏡の国のアリス』第一章に登場するナンセンス詩「ジャバウォッキの詩」の一部で、矢川澄子の訳（『鏡の国のアリス』矢川澄子訳、金子國義絵、新潮社（新潮文庫）、一九九四年、二八―二九頁）を少しだけ変形して引用した。

＊4　女性のほうが一般におしゃべりだから、ということだろうか。ちなみに、こういう余分な一言や、折に触れて登場する女性絡みの事例（いちばん印象的なのは、本講後半一五八頁の「彼女を撃つのだ！」だろう）に、あるいはオースティンのいくぶん偏った女性観がにじみ出ているのかもしれない。この点を明言的に指摘しているものとして、J・ヒリス・ミラーの『文学における言語行為』（J. Hillis Miller, *Speech Acts in Literature*, Stanford: Stanford University Press, 2001）がある。

＊5　前者は指示対象が不明瞭なケース、後者はいみが不明瞭なケース。

＊6　bank は「銀行」を意味することもあれば、「土手」や「盛り土」を意味することもある。両者は語源を異にする別語である。

＊7　語や句、文などの個別具体的な使用例のこと。

＊8　第二版では、この箇所は次のように変更されている。「……心にとめておくべきは、たとえば文など同一の用語素、すなわち同一タイプの諸トークンであっても、発話の機会が異なれば」。

＊9　第二版では、この文は次のものに差し替えられている。「かくして、発語行為の遂行において、私たちは以下のような行為も同時に遂行していることになるだろう」。

＊10　ランダムに事例が羅列されているように見えるかもしれないが、たとえばこの行の原文は“giving some information or an assurance or a warning,”であり、つまり動詞 give を用いて表現される発語内行為がまとめられているのである。以下、各行とも同様。

＊11　これが具体的にどの箇所を指しているのか、かならずしもはっきりしない。遂行的発話において遂行される行為と叙法をはじめとする文法形式との関係については、第Ⅵ講一一七—一二〇頁あたりで論じられているので、あるいはそのあたりのことだろうか。

＊12　第二版では、このあと「私は〔ここで〕遂行された行為を「発語内行為（illocution）」と呼び、」と追加されている。illocution の訳は illocutionary act と同じにしたが、適切な訳語が見つからず、また（これ

以降も含めて）特段訳し分ける必要もなさそうなので、これでご寛恕願いたい。第Ⅶ講の訳注＊10で引用した、第二版で追加された原注での「発話（utterance）」の区別を参考にすれば、illocutionary act は「行うこととしての発語内行為」、illocution は「行われたものとしての発語内行為」ということになるかもしれない。

＊13　この「私たち」は、他の大多数の「私たち」と同じく自分と聴衆を一緒にしたものかもしれないし（「編者まえがき」にあるように、オースティンはこのテーマの講義をここまで何年かかけて発展させてきた）、自分をはじめとする「オックスフォード日常言語哲学」の動きに関わる哲学者たちを指しているのかもしれない。

＊14　第二版では、「その意味の内部で」は削除されている。

＊15　ここは不可解である。以下で示される事例で言えば、たとえば（C.*b*）の「彼は私に彼女を撃たせた――は、「彼女を撃つのだ！」という発語行為や、それにおける「うながす」という発語内行為の因果的結果（正確には、因果的結果までひとまとめにした行為記述）ではあるのだから、ここで言われているように「発語行為と発語内行為の遂行にまったく関連づけられない」わけではない。事例を見るかぎり、（C.*a*）については「直接的に関連づけられる」と、（C.*b*）については「間接的にのみ関連づけられる」とされるのなら、まだ納得できるのだが。

＊16　訳注＊12と同じ事情で、perlocutionary act と perlocution に同じ訳語をあてる。

＊17　第二版では、この文は次のように変更されている。「私たちは、この種の行為の遂行を、「発語媒介行為（'perlocutionary' act）と、そして遂行された行為が相応のもの――本質的には（C.*a*）に帰属するケースのようなもの――である場合、それを「発語媒介行為」（'perlocution'）と呼ぶことにしよう」。

＊18　第二版では、段落冒頭からここまでは次のように変更されている。「ここで言及されている「結果的効果」（C.*a* と C.*b* をご覧いただきたい）は、以下のような特殊な種類の結果的効果は含まないものであるこ

とがわかるだろう。すなわち、たとえば約束において話し手がその約束に拘束される、といった仕方で達成される発語内行為に入る効果である」。

＊19　第二版では、この文は次のように変更されている。「……違いがあるのだから、限定を施すことが必要なのかもしれない」。

＊20　この論点については、次の第Ⅸ講で発語内行為が「効果の発生」と関係するあり方を考察するくだり（一七八―一七九頁）や、第Ⅹ講で「において」と「によって」の用法がこと細かに検討されるくだり（一九三―二〇三頁あたり）で再説されることになる。

＊21　第二版では、このあとに次のような表現が挿入されている。「、そしてここで私たちが関わってきたことよりもあきらかにずっと多様なことがら」。

＊22　イギリスの詩人ジョン・ダン（一五七二―一六三一年）の詩「唄（Song）」の冒頭一行目で、訳は篠田一士によるもの（『世界名詩集』第一巻「ダン　ブレイク」平凡社、一九六九年、六頁）から引用。

＊23　第二版では、この文は次のように変更されている。「退色現象や寄生的用法等々、さまざまな「真剣でない」、そして「まったく通常とは言えない」用法もある」。

＊24　米国の詩人（一八一九―一八九二年）で、代表作は『草の葉』。酒本雅之訳（全三巻、岩波書店（岩波文庫）、一九九八年）をはじめ、さまざまなヴァージョンの邦訳がある。

＊25　第一版では、この段落は次の（4）のあとに入っているが、第二版ではこの位置になっている。「行為がまさに行為であるがゆえに」という記述から（さらに（1）の前にある「まずは……三つのポイントを」からも）、ここでの「次の三つ」が（4）～（6）にあたることはあきらかなので、これは変更というより誤記修正のたぐいと判断し、本文を修正した。

＊26　第二版では、この箇所で改行がなされ、（4）の末尾まで以下のように大幅に加筆されている。

発語内行為のケースでは、次のような区別をする構えが必要である。例外的な場合を除けば、日常言語では気づかれることのない区別だが、すなわち

（*a*）一定の発語内行為を試みる、もしくは目論む（もしくは装う、公言する、請求する、着手する、提示する）行為と、

（*b*）そのような行為を成功裡に達成する、完了する、成就するという行為

のあいだの区別である。

「行為」一般に関する私たちの言語の理論において、この区別はあたりまえの事実であり、またそうでなければならない。しかし、遂行体との関連においてこの区別がもつ特別な重要性については、すでに早い段階で注意がなされてもいた。たとえば、誰かにお礼を言ったり、何かを知らせたりしようと試みても、相手が聞いていないとか、皮肉ととるとか、何であれ応答不能であるとか、そういったいろいろな仕方でしくじりに終わることはいつでもありうる。この区別は、およそいかなる行為においても生じるであろうものであり、それゆえ発語行為でも生じる。しかし、発語行為でのしくじりは、遂行体での不適切さとは違っていて、言葉を〔きちんと〕口に出すとか、言わんとすることをはっきり表現するとか、そういったことにおけるしくじりである。

なお、ここで「すでに早い段階で注意がなされてもいた」と言われているのは、第Ⅱ講（2）の（iii）での記述（四四頁）のことだと思われる。

＊27　第二版では、この「個人的に」は「一般的に」に変更されている。

＊28　第二版では、ここに次の注が追加されている。「指摘できるかもしれないのは、この事態（ii）は、もちろん発語行為と発語内行為のいずれでも生じることである。そんなつもりはないのに何かを言ったり指示したりしてしまうかもしれないし、意図していないのに一定のことを引き受けることになってしまう

かもしれない。たとえば、命令する意図などないのに、相手に何かするよう命令することになってしまうかもしれないのである。しかし、この種の区別が最も際立つのは発語媒介行為との関連においてであり、したがって試みと達成の区別もそこで最も際立つことになる」。

＊29　第二版では、このあとに次の一文が追加されている。「（5）で挙げた、間違いによって結果を発生させるケース、そうすることを意図していないケースも、あるいはここに加えられるかもしれない」。

＊30　第二版では、この文は次のように変更されている。「それらの行為と、おじぎすることとを比べていただきたい」。

＊31　第二版では、この「何らかの点で結果であるもの」は「何らかの結果」に変更されている。

＊32　第二版では、この「漠然とした」は「恣意的な」に変更されている。

＊33　第二版では、このあとに「の命名法」と追加されている。

＊34　イギリスの昔話「おばあさんとぶた」のこと。おばあさんが市場で子豚を買ってくるが、子豚は家の柵のところに来ると、どうしても入ろうとしない。そこで、おばあさんは犬、棒、火、水、牛などに何とかしてくれるよう頼むが、いっこうに埒があかない。最後に機転のきく猫に頼むと、猫はねずみを追い、そこからねずみは縄をかじり、縄は肉屋を縛り……といった連鎖が生じ、最終的に犬が子豚に噛みついて、びっくりした子豚が柵を越える、という話である。猫と子豚のあいだには八つもの動物や物品が介在するが、そんな連鎖を飛び越えて、私たちは「猫が豚に柵を越えさせる」などと言ったりする。私たちの行為概念や行為の語り方は、それくらい伸び縮み自在なのだ、というのがオースティンの趣旨である。この昔話は、たとえば『世界のむかしばなし』（瀬田貞二訳、太田大八絵、のら書店、二〇〇〇年）で読める（ただし、これをはじめとして、訳者が見たかぎりでは、おじいさんが登場するものはなかった）。

第Ⅸ講　〔発語内行為と発語媒介行為の区別〕

明示的な遂行的動詞のリストをつくるというプログラムへの着手が提案された途端、私たちは、一部の発話について、それらが遂行的なのかどうか、あるいはともあれ純粋に遂行的なのかどうかをめぐる、いくつかの難題に出くわしてしまった。そこで好都合に思えたのは、ことの根本に戻って、何かを言うことが何かをすることであるということにはいくつのいみがありうるのか、あるいは何かを言うことにおいて（in）何かをすること、さらには何かを言うことによって（by）何かをすることについてはどうか、と考えてみることであった。

何かを言うことにおいて私たちが行うことのグループとして第一に分類されたのは、発語行為の遂行という言い方で一緒にまとめられるもので、これは一定のいみ（sense）と指示対象（reference）をともなう一定の文を発することに大まかに相当する。さらに、ここで言ういみと指示対象とは、伝統的ないみでの「意味（meaning）」にほぼ相当するものである。第二に、私たちは〔発話において〕発語内行為も遂行することを述べた。通知すること、命令すること、警告すること、引き受けることなどのような、つまりは一定の（慣習的な）力をもつ発話である。第三に、私たちは発語媒介行為も遂行することがある。これは、何かを言うことによって私たちが引き起こす、もしくは達成するもので、得心させること、納得させること、思いとどまらせることなどに加え、たとえば驚かせることや誤らせることまでもが、ここに入る。こうして私たちは、少なくとも三種の「文の使用」や「言語の使用」の異なるいみもしくは次元を手にする（もちろん、さらに別の使用もあるが）。これら三種の「行為」はすべて、もちろん行為であるからという単純な理由により、試みと達成の違いや、意図的なことと意図せざることの違いなどに関連する、よくある困難や制限にさらされる。それから私たちは、これら三種の行為について、もっとずっとくわしく考察しなければならない、と述べたのだった。

私たちは発語内行為を発語媒介行為から区別しなければならない。たとえば「そう言うことにおいて私は彼に警告していた」は「そう言うことによって私は彼を得心させた、あるいは驚かせた、あるいは思いとどまらせた」から区別しなければならない。

B　「結果」を区別することの必要性[*1]

いちばん困難をはらんでいそうなのは発語内行為と発語媒介行為の区別なので、発語内行為と発語行為の区別もついでに取り上げつつ、それについて考えることから着手しよう。まず確かなのは、発語媒介的ないみでの「行為を行うこと」は、ある発話を行うことが「行為を行うこと」だとしたらそれは遂行体である、少なくとも確認体とは異なってしかるべきものとしての遂行体である、といういみでの「行為を行うこと」とは無関係なこととして、ともあれ除外されなければならない、ということである。というのも、あらゆる発語媒介行為、あるいはほとんどあらゆる発語媒介行為は、あきらかに、十分特別な状況がととのえば、〔話し手の〕事前の考慮の有無にかかわらず、どんな発話を行うことによっても実現される傾向があるからであり、とりわけストレートな確認的発話によって実現される傾向があるからだ（もしそのような動物がいるとするなら）。たとえば、あなたは私の行いの結果がどういうことになりそうかを、あるいは下心なくたまたまタイミングがよかっただけかもしれない仕方で私に知らせることによって、私を思いとどまらせるかもしれない（C.*b*）。[1] そして、こういう事情は（C.*a*）[2]にさえ適用される。というのも、あなたは*X*の寝室にあったハンカチが彼女のものなのか否かを[3]彼女に尋ねることによって、あるいはそれが彼女のものだったことを言明することによって、彼女が不義の女であることを私に確信させる（C.*a*）かもしれないからである。*2

そこで、次に私たちは、私たちが行う行為（ここでは発語内行為）とその結果のあいだに線引きをしなければならない。さて、一般に、もしその行為が何かを言うことではなく、非慣習的な「身体的」行為だった場合、これは込み入った事案になる。すでに見たように、私たちには以下のようなことが可能である、あるいは可能だと考えたい。すなわち、「私たちの行為」そのものに与えられた名称のもとに、当面は、あるいは通常は含まれる〔ように見える〕もの、もしくはひょっとしたら含まれるかもしれないものを、[4]段階を追ってだんだんと、たとえ行為そのものにどんなに近くても、そして行為そのものであるとどんなに自然に予期されても、本当はたんなる結果でしかないものとして分類していくことである。この結果とは、即物的ないみでの行為、つまりあと一歩で肉体の諸部分の何らかの動きへ蒸散してしまうようなミニマムな身体的いみでの行為の結果である（たとえば、指を曲げることは引き金の動きを引き起こし、引き金の動きは……を引き起こし、……はロバの死を引き起こした）。もちろん、このことについて言うべきことはたくさんあるが、ここでの私たちの問題にはかならずしも関わりはない。ただし、少なくとも何かを言うという行為のケースでは、次のことが言えるだろう。

（1）命名法が私たちに助けを与えてくれる。これは「身体的」行為のケースでは、たいてい起こらないことである。というのも、身体的行為に関して、私たちはほとんどつねに、ここで言うミニマムな身体的動きという観点からではなく、大きいことも小さいこともあるが、しかし〔原理的には〕漠然とした拡がりを包み込む、身体的動きのいわば自然な結果と言えるかもしれない観点から（あるいは、別の方向から見れば、行為が行われるに際しての意図という観点から）、行為に自然と名前をつけているからである。

私たちは、ミニマムな身体的行為という概念を使わないだけでなく（いずれにせよ、それは疑わしいものだ）、身体的行為を結果から区別する名称の一群を何らもっていないようである。一方、何かを言う行為の場合、行為（B）[*3]のための名称の語彙は、行為（何かを言うこと）とその結果（これは通常は何かを言うことではない）、少なくとも大半の結果とのあいだにある一定の規則的な地点にある断絶をマークするように、はっきりと企図されているように見える[5]。

（2） さらに、ふつうの身体的行為との対比によって見出される、何かを言うという行為の特別な性質が、いくぶんかの助けになるように思われる。というのも、身体的行為においては、たとえ私たちが結果から引き離そうと努めているミニマムな身体的行為だとしても、行為はともあれ肉体の〔物理的な〕動きなのであり、だからそれは少なくともそれらの直接的で自然な結果の多くと実質を同じくする《イン・パリ・マテリア》[6]。一方、何かを言うことの直接的で自然な結果がどういうものだったとしても、それらは少なくとも通常は、さらに何かを言うという行為ではない。話し手の側ではいっそう格別にそうではないし、聞き手の側ですらそうではない[7]。だから、ここでは〔行為とその結果の〕連鎖のうちに、ある種の規則的で自然な断絶が入るのであり、それは身体的行為のケースでは不在なのにたいして、発語内行為の名称の特別な一群[*4]とは結びついているのだ。

しかし、この地点に達すると、こんな問いが浮かび上がってくるかもしれない。発語媒介行為の命名法とともに導入される結果は、本当は行為（A）、すなわち発語行為の結果ではないのか？ 「すべての」結果を分離しようと努めるなら、発語内行為を飛び越えて、まっしぐらに発語行為へと——そして、まさに行為（A.*a*）、すなわち身体的動きである音声を発することへと[8]——遡行すべきではないのか？ 発語内行為の遂行はかならず発語行為の遂行でもあることは、もちろんすでに認められている。たとえば、祝福することはかならず一定の言葉を言うことであり、一定の言葉を言うことはかならず、少なくとも部分的には、多かれ少なかれ記述困難な発声器官の動きである。[9] だから、「身体的」行為と何かを言う行為との分離は、いつでも完璧というわけにはいかない——何かしらのつながりが残るのだ。しかし、（ⅰ）何らかの関連や文脈において、このことは重要かもしれないが、私たちの目下の目的のために、しかるべき地点、すなわち発語内行為の完遂とその後の結果すべてとのあいだに一本の線を引くことにたいしては、それは妨げになるようには思われない。そしてさらに、（ⅱ）より重要なこととして、私たちは、ここまで示唆されても言明されてはこなかった考えだが、発語内行為は発語行為の結果である、という考えを避けなければならない。また、発語内行為の命名法で導入されるものは発語行為の結果の一部にたいする追加的な指示である、という考えも避けなければならない。[10] その考えとは、すなわち「彼は私を……〔する〕よう駆り立てた」と言うことは、彼が一定の言葉を発したことを言うことと、それに追加して、彼の発言は一定の結果（？　ともあれ私への効果）をもっていた、あるいはもつように意図されていたかもしれない、と言うことである、といったものだ。もしも何か理由があって、何らかのいみで発語内行為から音声行為（A.*a*）まで「遡行すること」に私たちがこだわったとしても、結果の連鎖をたどってミニマムな身体的行為にまで遡行すべきではない。〔原因などを〕推定するなかで、ウサギの死から引き金にかけた指にまで遡行するようなことは、ここではすべきではないのだ。音声を発することは、発声器官や呼気の動きの〔物理的〕結果であるかもしれない。しかし、音声を発することが物理的であろうと他の何かであろうと、言葉を発することは音声を発することの結果ではない。そしてまた、言葉を発することが物理的であろうと他の何かであろうと、一定の意味とともに言葉を発することは言葉を発することの結果ではない。ついでに言えば、用語行為（A.*b*）や意味行為（A.*c*）もまた、音声行為（A.*a*）の結果ではなく、ましてや物理的結果ではない。私たちが発語内行為の命名法を使ってもたらすのは、発語行為の（少なくとも何らかの日常的ないみでの）結果に言及することではなく、発語内の力をもたらす慣習に言及することなのである。その発語内の力は、当の発話がなされる機会における特有の状況と関連している。ただし、成功裡に、あるいは完全になされた発語内行為は、ある一定のいみで「結果」や「効果」の招来を実現させるので、その点についてはすぐに立ち戻ることにする[1]。

というわけで、ここまで私が論じてきたのは、こういうことである。発語内行為を、結果を発生させることとしての発語媒介行為から切り離す望みがありうること、そして発語内行為はそれ自体としては発語行為の「結果」ではないこと。しかしながら、私が今度しなければならないのは、発語内行為は発語媒介行為とは異なるものの、一定のいみにおける効果の発生と関係をもつ、という事実を指摘することである。その一定のいみとは、

（1）ある一定の効果が達成されなければ、発語内行為は適切かつ成功裡には遂行されないであろうこと。これは、発語内行為は一定の効果を達成することである、と言うこととは区別されなければならない[*5]。もし私の言うことが聞かれていなかったり、一定のいみで理解されていなかったりしたら、私は聞き手にたいして警告を行ったとは言えない。発語内行為

が実行されるためには、聞き手の側で、ある効果が達成されなければならない。そういう効果をどう見積もるのがいちばんよいだろうか。どうしたら、それを限定できるだろうか。一般的には、その効果とは、発語の意味と力の理解をもたらすことにあたる。つまり、発語内行為の遂行とは、理解（*uptake*）の獲得を含んでいるのである。

（2）発語内行為が「効果を得る」一定の仕方は、事態を「通常の」仕方でもたらすといういみでの結果の発生、すなわち出来事の自然な過程における変化とは区別されるものであること。そのようにして「私はこの船を「クイーン・エリザベス号」と命名する」は船の命名や名づけの効果をもち、それを「スターリン大元帥号」などと呼ぶような一定の後続行為はでたらめになる。

（3）すでに触れたように、多くの発語内行為は慣習によって反応や後続行為をもたらすこと、そしてそれは「一方向的」かもしれないし、「双方向的」かもしれないこと。[*6] たとえば、私たちは論断すること、命令すること、約束すること、提案すること、頼むことと、申し出ること、あなたがどうするかを尋ねること、「イエスかノーか」を尋ねることとのあいだに区別をつけることができる。[*7]〔後者の場合〕もし反応が得られ、あるいは後続行為が実行されたなら、それによって話し手やそれ以外の人による第二の行為が必要となる。そして、この第二の行為が最初の行為の範囲に入りえないことは、結果という言葉に関する常識的な事実である。

しかしながら、私たちは一般に、いつでも、右記のような言葉と関連して「私は彼を……

〔する〕ようにさせた(I got him to)」と言うことができる。これは、その行為を私に帰属させるもので、言葉がそこで使われている、もしくは使われうる場合、それは発語媒介行為となる。たとえば、私たちは「私は彼に命令し、そして彼は従った」を「私は彼を従わせた〔従うようにさせた〕」から区別しなければならない。後者は一般に、私〔の行為〕に帰属するものとしての結果を生じさせるために何か付加的な手段が使われたことを、発話的に含意する。何らかの誘因が使われたのかもしれないし、非常によくあるように、ほぼ強制にあたるような個人的な影響力が発動されたのかもしれない。[*8] これも非常によくあることだが、たんに命令するのではない発語内行為が行われたのかもしれない、「私は x と言明することによって、彼にそれをさせた」というように。

以上のように、発語内行為が効果と結びつく仕方には、三つのものがある。[*9] そして、これらはすべて、発語媒介行為の特徴としての効果を生じさせることとは異なるものである。

私たちは、発語媒介的な目的(perlocutionary object)(確信させること、納得させること)をもつ行為と、たんに発語媒介的な後続事(perlocutionary sequel)を生じさせるだけの行為を区別しなければならない。たとえば、私たちは「私は彼に警告しようとしたが、怯《おび》えさせただけだった」と言うかもしれない。ある発語内行為の発語媒介的な目的は、別の行為の後続事かもしれない。たとえば、警告することの発語媒介的な目的、すなわち誰かを警戒させることは、誰かを怯えさせるという発語媒介行為の後続事かもしれないのである。また、思いとどまらせることは、「それをするな」という発話の目的としてではなく、〔何か別の〕発語内行為の後続事として生じるかもしれない。一部の発語媒介行為は、目的ではなく後続事を生じさせることをつねとする。[*10]これは、すなわち発語内的表現が存在しないもので、たとえば私は「私は……によってあなたを驚かせる」、「私は……によってあなたを狼狽させる」、「私は……によってあなたに屈辱を与える」といった発語内的表現が存在しないにもかかわらず、〔何らかの〕発語行為によってあなたを驚かせ、狼狽させ、屈辱を与えることができる。

反応や後続事が、発語ではない手段が加わることで達成されたり、発語ではない手段によって全面的に達成されたりしうることが、発語媒介行為の特徴である。たとえば、ステッキを振り動かしたり、銃を向けたりすることによって、怖がらせることが達成されるかもしれない。確信させること、納得させること、従わせること、信じさせることといったケースにおいてすら、非言語的に反応が達成されるかもしれない。[*11]しかし、これだけでは発語内行為を見分けるのに十分ではない。というのも、たとえば警告する、命令する、指名する、譲渡する、抗議する、謝罪するといったことも非言語的な手段でできるが、これらは発語内行為なのだから。抗議というものはスヌーク[*12]してもできるし、トマトを投げつけてもいいわけだ。

より重要なのは、発語媒介行為が慣習的でない手段によって反応や後続事を達成することはいつでも可能なのか、という問いである。確かに、私たちは発語媒介行為の後続事のいくつかを、完全に慣習的でない手段（あるいは、言ってみれば「非慣習的」手段）、つまりまったく慣習的でなかったり、その目的〔後続事〕にとっては慣習的でなかったりする行為によって達成することができる。[*13] たとえば、私は大きなステッキをゆっくり振ったり、彼の老いた両親がまだ第三帝国に残されていることに穏やかに言及することによって、誰かを説き伏せるかもしれない。厳密に言えば、使われる手段が慣習的でなければ発語内行為ではありえないのだから、〔発語内行為であるためには〕言語的ではないものであっても、目的達成のための手段は慣習的でなければならない。しかし、慣習というものがどこから始まり、どこで終わるのかを言うのは難しい。たとえば、私はステッキを振ることによって警告するかもしれないし、何かをたんに相手に渡すことによって譲渡するかもしれない。しかし、ステッキを振ることによって警告するとしたら、ステッキを振ることは警告すること〔そのもの〕である。相手は私がどういうつもりかよくわかるだろうし、だからそれは誤解の余地のない脅しのジェスチュアでありうる。似たような困難[*14]は、何かの取り決めに暗黙の同意を与えること、暗黙のうちに約束すること、挙手によって投票することをめぐっても浮上する。しかし、それでも多くの発語内行為は何かを言うことなしには遂行されえない、という事実は残る。たとえば、言明することがそうだし、通知すること（これは〔たんに〕示すこととは異なる）、論断すること、見積もること、臆測すること、（法的ないみで）評決すること（finding）もそうだ。多くの行使型と拘束型とは対照的に、判定型と説明型の〔発語内行為の〕大多数について、これは確かに言えることなのである。(12)

原注

（1）この記号が指し示すことについては、一五九頁をご覧いただきたい。

（2）これについては、一五八―一五九頁参照。

（3）ストレートな情報を伝えることは、ほとんどつねに行動への結果的影響を生じさせる。これは、その逆、つまり何らかの行為を行うこと（遂行体を発することも含む）がいつでも結果として私たち自身や他者に何らかの事実への気づきをもたらすことと比べても、特に驚くようなことではない。知覚できる、あるいはその気になれば感知できる仕方で何らかの行為を行うことは、私たちに、また一般には他者にも、次の両方のことを知る機会を与える。すなわち、（*a*）その行為が行われたこと、そしてさらに、（*b*）その他、たとえば行為者の動機、行為者の性格、等々の、その行為が行われたことから推察されうるたくさんの事実。あなたが政治集会でトマトを投げつけたとしたら（あるいは、他の誰かと一緒に「私は抗議する」とわめいたとしたら――それが行為の遂行だとして）、それはおそらく、あなたが抗議したことに人びとが気づくとか、あなたが一定の政治的信条をもっていると人びとが思う、といった結果をもたらすだろう。しかし、だからといって、トマトの投げつけや叫びが真や偽になるわけではないだろう（もっとも、それらは人を誤らせるものに、しかも故意のそれにさえなるかもしれないが）。同様に、たとえ結果的効果をたっぷりもたらすからといって、確認的発話が真または偽で**あ**る**こ**と**が**妨げられることもないだろう。

（4）私はここで、結果というものはどこまで引き延ばされうるものなのか、という問題には立ち入らない。このトピックに関するありがちな誤謬は、たとえばムーアの『倫理学原理』に見出せるかもしれない〔訳注：オースティンの念頭にあるのは、おそらく『倫理学原理』の次のような箇所だろう。「……行動の結果に関する倫理的判断は、科学法則の確立の際に含まれている困難や複雑さよりもその度合いが高い。後者において必要なのは、一つの結果を考察するだけであるが、前者においては一つの結果の考察だけでなく、その結果がもたらす諸結果を考察することが本質的に大事となってくるのであり、このことはわれわれの将来への見通しを立てられる限り続くからである」（G・E・ムア『倫理学原理』泉谷周三郎・寺中平治・星野勉訳、三和書籍、二〇一〇年、一二九―一三〇頁）。あるいは、より壮大な、こんな記述もある。「ある一連の行動が他のものよりも全体的に善なる結果をもたらすだろうという見込みを確立しようとする際の最初の困難は、われわれが無限の未来にわたって、両方の行動の諸結果を考慮しなければならないということにある。われわれが確実に知っているのは、もし一つの行動を今行うと、宇宙は全時間を通じて、われわれが他の行動を行った場合と何らかの点で異なっているだろう、ということだけである」（同書、二八七頁）。

（5）注意してほしいのだが、「私は私の指を動かした」と言うとき、もしも私たちがミニマムな身体的行為とは肉体の動きであるべきだと想定しているとしたら、動かされる対象が私の肉体の一部であるという事実は「動かした」に事実上、新しいいみを導入していることになる。たとえば、私は私の耳を男子生徒がよくやるようにプルプル動かすことができるかもしれないし、親指と他の指のあいだにつまんで動かすかもしれない。あるいは、足をふつうの仕方で動かすかもしれないし、足がしびれているときのように手で持って動かすかもしれない。「私は私の指を動かした」などの事例における「動かす」の日常的な用法は、究極的なものである。その背後にまでまわり込んで「筋肉を引っ張っている」のようなたぐいを探ることはすべきではない。

（6）この「実質を同じくする《イン・パリ・マテリア》」は、皆さんに誤解を招くかもしれない。一つ前の注で指摘したように、私は「私の指を動かすこと」が形而上学的に、その結果である「引き金が動くこと」とわずかながら似ているとか、「私の指が引き金を動かすこと」と似ていると言いたいわけではない。しかし、「引き金にかかった指の動き」なら、「引き金の動き」と実質を同じくする《イン・パリ・マテリア》のである。

あるいは、次のように言えば、これを最も重要な別様の道に位置づけることができるかもしれない。すなわち、何かを言うことが他の人物への効果を生み出すとか、ものごとを引き起こす（*causes*）と言う際の原因（cause）のいみは、圧するといったような物理的因果で用いられる原因のいみとは根本的に違うのだ、と。それは、言語の慣習を通じて作動しなければならない、ある人物によって他の人物に及ぼされる影響ということがらである。おそらく、これが「原因」のもともとのいみなのだ。

（7）以下を参照されたい。

（8）はたしてそうだろうか。すでに指摘したように、「音声の発生」それ自体は、実際には発声器官の動きというミニマムな身体的行為の結果である。

（9）ここでも、議論の簡便さのために話し言葉としての発話に話を限定している。

（10）ただし、以下も参照されたい。

（11）それでもまだ私たちは、以下のような事情を見ると、発語内行為にたいして発語行為に何らかの「優先的地位」をわりあてたいという誘惑を感じるかもしれない。つまり、ある個別の意味行為（A.*c*）が与えられても、それが発語内行為の用語法のなかでどう記述されるべきかについて、なお疑問の余地が残るかもしれない、という事情である。そもそも、なぜ私たちは、ある*A*に別の*B*というラベルを貼らなければならないのか。発せられた実際の言葉について合意があり、さらにそれらがどういういみで使われ、どういう現実を指示して用いられていたのかについての合意もありながら、それがその状況のなかで命令になるのか、それとも脅しになるのか、たんなる助言になるのか、警告になるのかといったことについては、なお不一致のまま、ということがあるかもしれない。さらに、結局のところ同様に、個々のケースによっては、意味行為（A.*c*）が発語行為の命名法のなかでどのように記述されるべきかについて不一致が生じる余地もたっぷりとあるのだ（彼は本当のところ何を意味したのか？　どの人物や時点その他あれこれを本当のところ指示したのか？）。さらにまた、話し手の行為が、あきらかにたとえば命令（発語内行為）だったという点での合意はあるものの、彼が命令するつもりだったのは何なのか（発語行為）がよくわからないといったことも、しばしばあるかもしれない。〔言語〕行為は、多かれ少なかれ一定程度、明確に限定された発語行為（A）として記述されうるのと少なくとも同じくらい、多かれ少なかれ一定程度、明確に限定されたタイプの発語内行為としての記述に「拘束されて」いる、と想定するのは、もっともなことだ。発語行為に関してであれ、発語内行為に関してであれ、その正確な記述を決定するに際しては、慣習や意図にまつわる難点がかならず立ち上がってくる。いみや指示についての曖昧さも、（発語内的ないみで）「自分の言葉がどのように受け取られるべきか」を平明にするのに失敗することも、あるいは同じくらいありふれているかもしれず、ともに故意のこともあれば、非意図的なこともある。さらに「明示的遂行体」という包括的な装置（前述を参照）が、発語内行為の記述についての不一致を取り除く役目を果たす。「発語行為」の記述についての不一致を取り除くのは、実際はそれよりずっと難しい。しかしながら、それぞれは慣習的であり、そして判定者によって一つの「解釈」を与えられることを必要としがちなのである。

(12)［判定型、説明型、行使型、拘束型の定義については、第XII講を参照されたい。――J・O・U］

訳注

＊1　第二版では、この見出しは削除され、前後の段落は行あきもなく続けられている。そもそも、先行する「A」が見あたらない奇妙な見出しなので、この削除は当然だろう。

＊2　シェイクスピア『オセロー』からの借用。将軍オセローの旗手イアゴーは、出世してオセローの副官になったキャシオーを陥れるため、彼とオセローの妻デズデモーナの不義密通をオセローに信じさせようと画策する。そして、オセローがデズデモーナに贈ったハンカチを手に入れ、それをキャシオーの寝室に置くことで、悪事を成功させる。「**イアゴー**　……ところでひとつ伺いたいのですが、苺の刺繍のあるハンカチを奥様が持っていらっしゃるのをご覧になったことはありませんか？／**オセロー**　それなら俺がや

ったものだ、俺の最初の贈り物だ。／イアゴー　それは知りませんでした。ですがそういうハンカチを、確かに奥様のものだと思いますが、今日見かけたんです、キャシオーが髭を拭いてました。」（松岡和子訳『オセロー』、『シェイクスピア全集』第一三巻、筑摩書房（ちくま文庫）、二〇〇六年、一四一頁）。言葉たくみにオセローやキャシオーの心を操るイアゴーは、「発語媒介行為の達人」と言えるかもしれない。

＊3　発語内行為のこと。一五八─一五九頁を参照。

＊4　第二版では、この前に「以上は私たちにちょっとした導きを与えてくれるかもしれないが、」という語句が追加されている。

＊5　第二版では、この文は次のように変更されている。「……である、と言っているのではない」。

＊6　第二版では、この文は次のように加筆されている。「すでに触れたように、多くの発語内行為は慣習によって反応や後続行為をもたらすこと。たとえば、命令はそれに従うという反応を、約束はそれを守るという反応をもたらす。そうした反応や後続行為は「一方向的」かもしれないし、「双方向的」かもしれない」。

＊7　この区別は難解である。しいて理解するなら、前者のグループが「命令する→それに従う」というように「一方向的」でありうるのにたいして、後者は「どうするか尋ねる→返答する→それにもとづいてさらに何か言う」としばしば「双方向的」になる、ということだろうか。「あなたはどうする？」と尋ねて返答が得られたら、それにもとづくさらなる発話（「じゃあ僕も行こうかな」など）が後続するのが自然だからである。続く文に「（後者の場合）」という補足を入れたが、これはとりあえず以上のような理解に沿ったものである。

＊8　第二版では、この箇所は次のように変更されている。「……かもしれないし、その場に私が立ち会っていることが効いたり、強制にあたるかもしれないような影響力が発動されたのかもしれない」。

＊9　第二版では、このあとに次の語句が挿入されている。「、すなわち理解の獲得、効果を得ること、そ

して反応をもたらすこと」。

＊10　第二版では、この段落のここまでの部分は次のように大幅に変更されている。

発語媒介行為は、発語媒介的な目的（確信させること、納得させること）を達成することと、発語媒介的な後続事を生じさせることのどちらでもありうる。たとえば、警告という行為は警戒させるという発語媒介目的を達成するとともに、怯えさせるという発語媒介的な後続事も生じさせるかもしれず、またある見解への批判的論断はその目的を達せずに、かえって論敵にその見解の真実を確信させるという発語媒介的な後続事を生じさせるかもしれない（「私は結局、彼を確信させただけだった」）。ある発語内行為の発語媒介的な目的は、別の行為の後続事かもしれない。たとえば、警告することは思いとどまらせるという後続事を生じさせるかもしれないし、思いとどまらせることを目的とする「するな」は警戒させることや、あるいは怯えさせるという後続事すら生じさせるかもしれない。一部の発語媒介行為は、後続事を生じさせることをつねとする。

＊11　第二版では、このあとに次の文が挿入される。「しかし、もし〔これらに対応する〕発語内行為が不在だったとしたら、このような発語媒介的な目的に特有の言葉が通用するかどうかは疑わしい。「彼を……〔する〕ようにさせた」の用法と「彼を従うようにさせた」の用法を比較されたい」。

＊12　親指を鼻先にあてて手を広げる、軽蔑や反対のしぐさ。

＊13　第二版では、この段落のここまでの部分は次のように変更されている。「より重要なのは、慣習的でない手段によって、これらの反応や後続事が達成されることは可能なのか、という問いである。確かに、私たちは同じ発語媒介的な後続事を慣習的でない手段（あるいは、言ってみれば「非慣習的」手段）、つまりまったく慣習的でなかったり、その目的〔後続事〕にとっては慣習的でなかったりする手段によって達成することができる」。

＊14　慣習的で発語内的なものなのか、非慣習的で発語媒介的なものなのかが微妙で判断が難しい、という困難。

第X講　〔「……と言うことにおいて」対「……と言うことによって」〕

出発点になった遂行体と確認体の区別や、明示的な遂行的語彙、なかでも特に〔遂行的〕動詞のリストを見出そうとするプログラムをしばし忘れることにした私たちは、新たなスタートを切り、何かを言うことが何かをすることである、ということの複数のいみについて考察した。そうして私たちは、意味をもつ発語行為（とその内部の音声行為、用語行為、意味行為）、何かを言うことにおいて一定の力をもつ発語内行為、何かを言うことによって一定の効果を達成することである発語媒介行為を区別した。

前回の講義では、これらの関連のなかで結果や効果というものがもつ複数のいみ、とりわけ発語内行為であってもともないうる効果の三つのいみを区別した。理解の獲得、効果を得ること、反応をもたらすこと、である。発語媒介行為のケースでも、目的を達成することと後続事を生じさせることのあいだに大まかな区別をした。発語内行為は、慣習的な行為である。発語媒介行為は、慣習的ではない。いずれの種類の行為も、言語的ではない仕方で遂行されうる――あるいは、より正確には、同じ名前で呼ばれる行為（たとえば、発語内行為でいえば警告することに、発語媒介行為でいえば納得させることにあたる行為）が非言語的に成し遂げられうる。しかし、たとえそういうものであっても、発語内行為、たとえば警告の名に値するには、慣習的な非言語的行為でなければならない。しかし、発語媒介行為は、それを成し遂げるために慣習的行為が用いられることはあるかもしれないが、〔それ自体は〕慣習的ではない。何が言われたかを聞いた判事は、どんな発語行為と発語内行為が行われたかを裁定できなければならないが、どんな発語媒介行為が達成されたかは裁定できなくてもかまわない。

そして、最後に私たちは、「私たちはどのように言語を使用しているか」や「私たちは何かを言うことにおいて何をしているのか」に関しては、また別の包括的な問題の領域がある、と述べた[*1]。その領域は〔ここまで取り上げてきたこととは〕まったく異質かもしれないし、実際、直観的には異質に思えることも述べた——より立ち入ったことには深入りしていないが。たとえば、ほのめかし（および、その他の字義的でない言語の用法）があり、冗談を言うこと（および、その他の真剣でない言語の用法）があり、罵《ののし》りや見せびらかし（これらは、言語の表出的な（expressive）用法かもしれない）がある。「xと言うことにおいて私は冗談を言っていた」（……をほのめかしていた、私の感情を表出していた、等々）といった言い方ができるのである。

いまや、私たちは以下の表現について、いくつかの最終的な所見を述べなければならない。

「xと言うことにおいて私はyしていた（In saying x I was doing y）」もしくは「私はyした（I did y）」。

「xと言うことによって私はyした（By saying x I did y）」もしくは「私はyしていた（I was doing y）」。

というのも、これらの表現は、前者（において（*in*））は発語内行為の名前になる動詞を、後者（によって（*by*））は発語媒介行為の名前になる動詞を、それぞれピックアップするのに特にぴったりだと思われる点で有効であり、それゆえ現に私たちは発語内（*illocutionary*）と発語媒介（*perlocutionary*）という名前を選んだのだから。[*2] たとえば、こんな具合である。

「撃つぞ（I would shoot him）と言うことにおいて私は彼を脅していた」。
「撃つぞと言うことによって私は彼をおびえさせた」。

このような言語表現は、発語内行為を発語媒介行為から区別するテストを提供してくれるだろうか。そうではないだろう。ただ、このことを考える前に、一つの一般的な所見、あるいは告白を、私にさせていただきたい。皆さんの多くは、こういうやり方に、そろそろ我慢ならなくなってきているだろうと思う——それは、ある程度、実に当然のことである。皆さんは言うだろう、「どうして無駄話をやめないのか？　ものを言うことに関連して私たちが行うことの名称を日常会話から入手してリストをつくるだとか、「において」だの「によって」だのの表現とか、どうしてそんなとりとめのないことばかりしゃべっているのか？　なぜすぐさま本題に入って、言語学や心理学の観点から単刀直入にことを論じないのか？　何ゆえこんなにもまわりくどいのか？」　よろしい、もちろん私だって、そういうふうになされるべきであることには同意する――私はただ、それは次のような作業の前ではなく、あとに来るものだと言っているのだ。すなわち、日常言語から何を絞り出せるかをよく見ること、たとえそうやって絞り出されてくるもののなかには文句のつけようのない強い成分しかないとしても、ともかくやってみること。そうしないと私たちは、大事なものを見逃し、拙速さにも陥ることになるだろう。

ともあれ、「において」と「によって」には研究してみる価値がある。そして、ついでに言えば、「の場合に（when）」や「しつつ（while）」などについても。[*3] こういう研究の重要性は、「私が行うこと」について可能なあれこれの記述はどのような相互関係にあるのかという、「結果」の件ですでに見たのと同じ一般的な問いにおいて明白になる。そこで、まず私たちは「において」と「によって」の表現にまなざしを向け、それから遂行的と確認的という最初の区別にふたたび立ち戻り、その区別がこの新たに得られた枠組みのなかでどのようになっていくのかを見ることにしよう。

まず、この表現から取り上げよう、「xと言うことにおいて私はyしていた」（もしくは「私はyした」）。

（1）この表現の使用は、発語内行為に限定されない。（a）発語行為にも適用されるだろうし、（b）私たちの〔三つの〕分類からまったく外れるように思える行為にも適用されるだろう。「xと言うことにおいてあなたはyしていた」と言えるなら「yすること（to y）」はかならず発語内行為の遂行かといえば、そんなことは確実にない。せいぜいのところ主張できる可能性があるのは、その表現は発語媒介行為に合うものではなく、一方「によって」の表現は発語内行為に合うものではない、ということくらいである。とりわけ、（a）同じ表現は「yすること」が発語行為の付随的な部分の遂行である場合に使われる。たとえば「カトリックが大嫌いだと言うことにおいて、私はただ現在のことだけに言及していたんだ」とか「ローマ教会のことだけを意味していた、考えていたんだ」といった具合に。ただし、この場合、私たちはもしかしたら「……のことを話すことにおいて（in speaking of）」という表現のほうを、よりふつうには使うかもしれない。この種の別の例として、こういうものもある。「「冷やしたインク《アイスト・インク》（Iced ink）」と言うことにおいて、私は「私は臭う《アイ・スティンク》（I stink）」という音声を発していた」。このほか、（b）その他、種々雑多なケースがある。たとえば「xと言うことにおいてあなたは間違いを犯していた」、「必要な区別を見落としていた」、「法を侵していた」、「リスクを冒していた」、「忘れていた」。間違いを犯すことやリスクを冒すことは、確実に発語内行為の遂行ではなく、発語行為のそれですらない。

　私たちは「言うこと（saying）」は曖昧だと論じることによって、（a）を、すなわち、それ〔「xと言うことにおいて」の表現〕が適用されるのは発語内行為に限定されない〔発語行為にも適用される〕という事実を回避しようとするかもしれない。発語内的な用法でない場合、「言うこと」は「……のことを話すこと（speaking of）」や「表現を用いること（using the expression）」によって置き換えられるかもしれないし、「xと言うことにおいて」の代わりに「xという言葉によって（by the word x）」や「xという言葉を使うことにおいて（in using the word x）」と私たちは言うかもしれない。後者は引用符でくくられた言葉があとに続くようないみでの「言うこと」であり、この場合、意味行為ではなく用語行為が言及されていることになる。

ケース（b）、すなわち分類の外部にある種々雑多な行為は、もっと難しい。見込みのあるテストとしては、次のようなものが考えられる。y‐動詞[1]を進行時制ではなく非進行時制（過去形もしくは現在形）に言い換えることができる場合、あるいは進行時制を保ちつつ「において」を「によって」に置き換えることができる場合も同様に、そのy‐動詞は発語内行為の名称ではない。たとえば「そう言うことにおいて彼は間違いを犯していた」は、いみを変えることなく「そう言うことにおいて彼は間違いを犯した」もしくは「そう言うことによって彼は間違いを犯していた」に言い換えられるかもしれない。しかし、私たちは「そう言うことにおいて私は抗議した」とか「そう言うことによって私は抗議していた」とは言わない。

（2）しかし、全体としては、この表現は「得心させた（convinced）」、「納得させた（persuaded）」、「思いとどまらせた（deterred）」といった発語媒介動詞とは同調しない、と主張できるかもしれない。しかし、この主張は少し弱めなければならない。第一に、言語の不正確な使用から例外が生じてくる。たとえば、人びとは「脅している〔のか?〕」と言う代わりに「あなたは私を怖がらせているのか?」と言う。そして、そこから「xと言うことにおいて、彼は私を怖がらせていた」と言うかもしれない。第二に、こちらは純正な用法として、同じ言葉が発語内行為にも発語媒介行為にも使われることがある。たとえば「誘惑すること/その気にさせること(tempting)」は、容易に両方の使い方がなされる動詞だ。[4]私たちは「私はあなたを……〔する〕気にさせる(I tempt you to)」という言い方はせず、「私があなたを……〔する〕気にさせたようにしてくれ(Let me tempt you to)」と言う。それから「アイスクリームをもう一皿どうぞ」――「私を誘惑してるの?(Are you tempting me?)」という会話。[5]これがもし〔前者のような〕発語媒介的ないみだとしたら、この問いかけはおかしなものになる。なぜなら、そういう問い〔すなわち「私をその気にさせているの?」〕に誰かが答えるとすれば、そう問いかけている当人にほかならないだろうからだ。もし私が「そう、もちろん」と答えたとしたら、私は彼をその気にさせているかのようになるが、彼は実際にはその気にさせられていないかもしれないのである。第三に、動詞の予期的用法というものがあって、「そそのかすこと(seducing)」や「なだめること(pacifying)」がその例となる。[6]このケースでは、発語媒介動詞に「……〔し〕ようとすること(trying to)」を付加することがいつでも可能であるように思われる。しかし、発語内動詞は、発語媒介動詞で表現されうる何かをするように試みることと、いつでも同等であるとは言えない。たとえば「論断する」は

「得心させようとする」と同等であるとか、「警告する」は「おびえさせようとする」もしくは「警戒させようとする」と同等であるというようには言えないのだ。というのも、まず、行うことと行おうとすることの区別は、発語媒介動詞だけでなく、発語内動詞にも同様に、あらかじめそなわっているからである。得心させることと得心させようとすることが区別されるように、論断することと論断しようとすることも区別されるのだ。さらに、多くの発語内行為は、何らかの発語媒介行為を行おうとすることではない。たとえば、約束することは、何かを行おうとすることではない。

しかし、それでもまだ私たちは、「において」を発語媒介動詞とともに使う可能性があるのかどうかを問うかもしれない。行為が意図的に達成されるものでない場合、この問いは誘惑的である。しかし、そういう場合でも、これはおそらく不正確であり、〔やはり〕「によって」が使われるべきなのだ。あるいは、ともあれ、たとえば私が「xと言うことにおいて私は彼を得心させていた」と言うとしたら、そこで説明されているのは、私がどのようにしてxと言うに至ったのかではなく、私がどのようにして彼を得心させるに至ったのかなのである。これは、「言うことにおいて」の表現が使われ、その言い方によって私たちの意図が説明される際の用法と、ちょうど逆である。つまり、この表現が発語内動詞とともに使われる場合とは異なるいみ（「基準」ではなく、「推移において」や「……の過程において」のいみ）を含んでいるのである。

では、このへんで「において」の表現がもつ一般的な意味について考えよう。「Aすることにおいて私は*B*していた（In doing *A* I was doing *B*)」と言う場合、私は*A*が*B*を含む（*A*は*B*を説明する）ことを意味しているのかもしれないし、あるいは*B*が*A*を含む（*B*は*A*を説明する）ことを意味しているのかもしれない。この区別は、次のような対比に照らせばわかりやすいかもしれない。すなわち、（α1）「*A*を行う過程あるいは推移において、私は*B*を行っていた」（家を建てることにおいて、私は壁を建てていた）と、（α2）「*A*を行うことにおいて、私は*B*を行う過程あるいは推移にあった」（壁を建てることにおいて、私は家を建てていた）。あるいはまた、（α1）「音声*N*を発することにおいて私は*S*と言っていた」と、（α2）「*S*と言うことにおいて私は音声*N*を発していた」も対比されたい。（α1）において、私は*A*（音声を発すること）を説明して、音声を発することにおける目的を言明している。一方、（α2）において、私は*B*（音声を発すること）を説明しており、それゆえ音声を発することの効果を言明している。[*7] この表現は、しばしば「どのようにしてあなたはこれこれするに至ったのか？」という問いに答えて自分の行為を説明するために使われる。異なる二つの強調のつけ方のうち、辞書で好まれるのは（α1）、すなわち*B*が説明されるほうだが、私たちは同じくらい頻繁に、（α2）のケースのように、*A*を説明するためにこの表現を使用する。[*8]

さて、次にこういう例、

……と言うことにおいて私は……を忘れていた（In saying... I was forgetting...)

を考えてみると、ここではB（忘れていたこと）が、どのようにしてその発言をするに至ったのかを説明しているのがわかる。つまり、BはAを説明する。[*9] 似たように、

パタパタと言うことにおいて私は蝶の羽ばたきを考えていた（In buzzing I was thinking that butterflies buzzed）

は、私がパタパタと言うこと（A）を説明する。これは「言うことにおいて」の表現形式が発語行為の動詞とともに用いられている用法だと思われる。（私が意味することを説明するのではなく）私が行った物言いを説明するものだからである。

しかし、次の事例を考えてみよう。

（α3）ブンブンと言うことにおいて、私は蜂のふりをしていた（In buzzing, I was pretending to be a bee）、

ブンブンと言うことにおいて私は道化のようにふるまっていた（In buzzing I was behaving like a buffoon）。

ここでは、こういうことが見出される。すなわち、私が行った物言い[*10]（ブンブンと言うこと）が、意図において、あるいは事実において、私がこれこれと言うという一定の種類に属

する行為を構成したこと、そしてそれを異なる名称で呼ばれうるものにしたこと。発語内行為に関する事例

　これこれと言うことにおいて私は警告していた (In saying so-and-so I was warning)

は、この種類のものなのである。これは「……の過程において」的な種類（*A*は*B*を説明する、あるいはその逆）である（α1）とも（α2）とも違う。しかし、これはまた、ある点で〔（α3）のような〕発語行為的な事例とも違っている。意図や事実によってではなく、本質的に慣習によって行為が構成される、という点で違うのである（もちろん、慣習もまた一つの事実ではあるが）。このような特徴は、発語内行為を最も満足のいく仕方でピックアップする働きをするものだ[2]。

　一方、「……と言うことにおいて」の表現が発語媒介動詞とともに用いられる場合、「……の過程において」のいみ（α1）で用いられる。しかし、発語行為動詞のケースが*A*を説明するのにたいして、これは*B*を説明する。だから、これは発語行為のケースとも、発語内行為のケースとも違うのである。

　「どのようにして〔……するに〕至ったのか？」という問いは、手段や目的についての問いに限られないことも観察できるかもしれない。たとえば、〔すでに見たように〕事例

*A*と言うことにおいて……私は*B*を忘れていた

では、*A*が説明されるが、しかしこれは手段や目的に関するものとは異なる「説明する」や「含む」[*11]の新しいいみにおいてのことである。また、さらに事例

……と言うことにおいて私は……を得心させていた（……に屈辱を与えていた）(In saying... I was convincing... (was humiliating...))

で私たちは*B*（私が彼を得心させること、彼に屈辱を与えること）を説明しているが、これは確かに結果ではあるものの、ある手段の結果というわけではない。

同じように、「によって」の表現も、発語媒介動詞に限定されない。発語行為的な用法（……と言うことによって私は……を意味していた）もあれば、発語内行為的な用法（……と言うという、まさにそのことによって私は……と警告していた）もあり、さらに種々雑多な用法（……と言うことによって私は自分の非を認めた）もある。一般に「によって」の用法には、少なくとも次の二つがある。

（*a*）釘の頭を叩くことによって私はそれを壁に打ち込んでいた（By hitting the nail on the head I was driving it into the wall）。

（*b*）義歯床を挿入することによって、私は歯科医の業務に従事していた（By inserting a plate, I was practising dentistry）。

（*a*）での「によって」は行為を成就させる手段、やり方、方法を示し、（*b*）での「によって」は私の行為が歯科医の業務として分類されるのを可能にする基準を示す。二つのケースのあいだには、基準を示す用法のほうがより外形的と思える点を除けば、あまり違いがあるようには見えない。この第二のいみでの「によって」——基準のいみ——はまた、「において」の一つのいみに、たとえば「そう言うことにおいて私は法を侵していた（法を侵した）」でのそれに非常に近いように見える。この種の「によって」は、確かに、それが「……と言うことによって」の表現をとる場合、発語内動詞とともに用いることができる。たとえば、私たちは「……と言うことによって私は彼に警告していた（彼に警告した）」と言える。しかし、このいみでの「によって」は、発語媒介動詞と一緒には用いられない。「……と言うことによって私は彼を得心させた（納得させた）」と言うとしたら、ここでの「によって」は手段‐目的のいみでのそれだろうし、いずれにせよ私の行為のやり方や方法を示すものなのだ。はたして「によって」の表現が〔この〕「手段‐目的のいみ」で、発語内動詞とともに用いられることがあるのだろうか。少なくとも二種類のケースがあるように思われる。

（*a*）ステッキを使う代わりに話をするといったように、非言語的手段の代替として言語的手段を採用し、何かを行う場合。たとえば、事例「『誓います』と言うことによって私は彼女との結婚を行っていた」では、遂行体「誓います」が結婚という目的のための手段になっている。ここでの「言うこと」は、引用符でくくられるようないみで用いられており、意味行為ではなく用語行為としての言葉や言語の使用なのである。

（*b*）遂行的発話が別の行為を行うための間接的手段として用いられる場合。たとえば、事例「「スリークラブをビッドする」[*12]と言うことによって私は彼に自分がダイヤを持っていないことを知らせた」で、私は「スリークラブをビッドする」という遂行体を、彼に〈あることを〉知らせる間接的手段として使用している（この知らせるということもまた、発語内行為である）。

要約しよう。「言うことによって」の表現を、ある行為が発語媒介的であることのテストに用いるためには、まず次のことを確認しなければならない。

（1）その「によって」が基準のいみではなく、道具的ないみで用いられていること。

（2）その「言うこと」が以下のように用いられていること。

（*a*）用語行為といった部分的なものではなく、完全ないみでの発語行為として、

（*b*）右記ブリッジの例は二重に慣習的だが[*13]、そのようなものではないものとして。

発語内行為を発語媒介行為から区別する言語的テストとして、その他二つの補助的なものがある。

（1）発語内動詞のケースでは、しばしば「xと言うことはyを行うことだった（To say x was to do y）」と言えるように思われる。「釘を打ち叩くことによって彼はそれを打ち込んでいた（By hammering the nail he drove it in）」の代わりに「釘を打ち叩くことはそれを打ち込むことだった（To hammer the nail was to drive it in）」とは言えない。ただ、たくさんのことがこの表現形式で言われうるから、これは水も漏らさぬテストというわけにはいかないだろう。たとえば「得心させる（convince）」は発語媒介動詞なのに、「それを言うことは彼を得心させることだった（To say that was to convince him）」（これは予期的用法か？）と言いうるのだ。

（2）私たちが発語内行為の名称として（直観的に――なぜなら、これまで行ってきたことはみな、直観的なのだから）分類してきた動詞群は、明示的な遂行的動詞ととても近いもののように見える。たとえば、私たちは「私はあなたに……ことを警告する」や「私はあなたに……〔する〕よう命令する」を明示的遂行体として発することができるが、警告することや命令することは発語内行為なのだから。また、「私はあなたに……ことを警告する」は遂行体として使えるが「私はあなたに……ことを得心させる」は使えず、「私はあなたを……で脅す」は使えても「私はあなたを……によって怖がらせる」は使えない。得心させることや怖がらせることは、発語媒介行為である。

しかしながら、一般的結論はこうならざるをえない。これらの表現形式は、ある表現が発語媒介行為ならざる発語内行為なのか、それともどちらでもないのかを決めるための、せいぜいのところ、あてにならないテストでしかない、と。それでもなお、「によって」と「において」は、たとえばいまや悪名高くなりつつある「いかにして（how）」[*14]と同じくらい、すみずみまで精査されるに値する。
　しかし、そうすると、遂行体とこれら発語内行為のあいだの関係はどういうものになるのか？　私たちが明示的遂行体を発するとき、そこではまた発語内行為も行われているかのように見える。それなら見てみよう、（1）はじめのほうの講義で行った遂行体に関するいくつもの区別と、（2）ここで見てきた行為のさまざまな種類、これらのあいだの関係はどのようなものなのかを。

原注

（1）［「xと言うことにおいて私はyしていた」の「y」に代入される動詞のこと。J・O・U］
（2）しかし、ニセ歯科医がいたとしてみよう。私たちは「義歯床を挿入することにおいて彼は歯科医の業務に従事していた」と言うことができる。ここには警告のケースとちょうど同じように、慣習が存在する――判事なら、これを裁定できるだろう。

訳注

＊1　この論点が提示されたのは、実際には前々講（第Ⅷ講）の一六一―一六三頁の項目（2）や（3）においてである。
＊2　illocutionary は in-locutionary をひとつながりにした造語であり、perlocutionary の per は「……によっ

て（by）」を意味するラテン語に由来する接頭辞である。

＊3　と言われてはいるものの、少なくとも本書のなかでは、「の場合に」や「しつつ」が後段で主題的に考察されることはない。

＊4　原文は"tempting"の一語。以下の議論上、こういう並列的な訳にせざるをえなかった。言うまでもなく、発語内的な使用では「誘惑すること」が、発語媒介的な使用では「その気にさせること」が、ふさわしい訳語となる。

＊5　ふつうに訳せば「……に誘わせてくれるかな」くらいになるところ、たいへん不自然な直訳だが、議論の運び上、こうなった。発語媒介的なtemptすなわち「その気にさせる」は、最終的には話し手がどうこうできることではなく、相手がその気になってくれて初めて成り立つ事態だから、"I tempt..."ではなく"(You) Let me tempt..."つまり、あなたこそが、私があなたをその気にさせたという事態を成り立たせてくれ、という言い方がされるのだ、というのが、このくだりのポイントである。

＊6　正確には「なだめた」状態をもたらそうとすること、つまり「なだめようとすること」も私たちは日常「なだめる」と表現する、といったこと。

＊7　この説明は、例（α1）―（α2）の後者のペア（音声を発すること）については納得できるが、前者のペア（家を建てること）とは逆になっているのではないか。説明をこのままあてはめると、家を建てることの目的や効果が壁を建てることである、というあべこべの話になってしまう。もちろん、特殊な状況を想定すれば（殺人者が死体を埋め込んで隠す壁をつくるために家を建てる、など）このあべこべも可能になるが、あくまで特殊例にすぎない。

＊8　ここでも*A*と*B*がすぐ前の記述から逆になってしまっている。この段落での説明は、このように事例のペアの前後関係が混乱しているように思えるので、その点を修正した訳者案を示しておきたい。順序の入れ替えを行った二箇所には、それぞれ傍線を引いた。

「*A*することにおいて私は*B*していた」と言う場合、私は*A*が*B*を含む（*A*は*B*を説明する）ことを意味しているのかもしれないし、あるいは*B*が*A*を含む（*B*は*A*を説明する）ことを意味しているのかもしれない。この区別は、次のような対比に照らせばわかりやすいかもしれない。すなわち、（α1）「*A*を行う過程あるいは推移において、私は*B*を行っていた」（家を建てることにおいて、私は壁を建てていた）と、（α2）「*A*を行うことにおいて、私は*B*を行う過程あるいは推移にあった」（壁を建てることにおいて、私は家を建てていた）。あるいはまた、（α1）「*S*と言うことにおいて私は音声*N*を発していた」と、（α2）「音声*N*を発することにおいて私は*S*と言っていた」も対比されたい。（α1）において、私は音声を発することを説明しており、それゆえ音声を発することの効果を言明している。一方、（α2）において、私は*B*（音声を発すること）を説明しており、音声を発することにおける目的を言明している。この表現は、しばしば「どのようにしてあなたはこれこれするに至ったのか？」という問いに答えて自分の行為を説明するために使われる。異なる二つの強調のつけ方のうち、辞書で好まれるのは（α1）、すなわち*B*が説明されるほうだが、私たちは同じくらい頻繁に、（α2）のケースのように、*A*を説明するためにこの表現を使用する。

＊9　内緒だと言われていたのにそのことを忘れ、そのため当の発言をしてしまった、というようなケースが想定されているようである。

＊10　この「私がこれこれと言う（my saying so）」は最初の事例での「蜂のふりをしていた」のことと解するほかないように思われる（すると、次の「異なる名称で呼ばれうるもの」は「道化のようにふるまうこと」であることになるだろう）が、しかしふつうに考えて、蜂のふりをすることは何かを言うことではなく、不可解さが残る。

＊11　少し前の箇所で（一九八頁）、*B*が*A*を「含む」場合に*B*が*A*を説明する関係になるということが言

われていた。

＊12　「ビッド」とはトランプのコントラクトブリッジの用語で、どのマークを切り札にして、いくつのトリック（四人のプレイヤーが一枚ずつ出す札の組。いちばん強い札を出したプレイヤーがそのトリックを取る）を取るかを宣言すること。言った数字に6を足した数のトリックを宣言することになるので、「スリークラブをビッドする」は「クラブを切り札にして9トリック取る」という宣言になる。札を配ったあと、順にビッドして競り上げ、最も高いビッドが「コントラクト（契約）」（その達成・不達成によって得失点が計算される）になり、プレイが開始される。

＊13　まず「ビッドする」という発語内行為が行われ、それを手段にして「知らせる」という発語内行為が行われている。オースティンにとって発語内行為はおしなべて慣習的だから、この例では慣習が二重に発動されていることになる。

＊14　この講義に先立つ一九四九年にオックスフォードの同僚ライルの『心の概念』が公刊された（邦訳は、ギルバート・ライル『心の概念』坂本百大・宮下治子・服部裕幸訳、みすず書房、一九八七年）。その第二章では「内容を知ること（knowing what）」に「方法を知ること（knowing how）」が対置され、心の概念を探索するには後者に軸足を置くべきであることが説かれている。オースティンのここでの一言は、このライルの議論を念頭に置いたものかもしれない。

第XI講〔言明、遂行体、発語内の力〕

最初に遂行的発話を確認的発話に対比させたとき、私たちが述べたのは次のことだった。

（1）遂行体はたんに何かを言うだけのことではなく、何かを行うことであるに違いないこと。そして

（2）遂行体は真または偽になるのではなく、適切または不適切になること。

この区別は本当に健全なものだったのだろうか？　それに続いて私たちが行った、行うことと言うことをめぐる議論は、はっきりと以下の結論を指し示すように思えた。すなわち、何かを「言う」とき（ただし、おそらく「クソッ（damn）」や「痛っ（ouch）」といったたんなる叫びは除く）、私はいつでも発語行為と発語内行為の両方を遂行しているであろうこと、そしてこれら二種の行為は、「行うこと」と「言うこと」の名のもとに、遂行体を確認体から区別する手立てとして私たちが活用しようとした、まさにその手立てであるように思えること。もし私たちが一般にいつでも両方のことを行っているのだとしたら、私たちの〈当初

の〕区別はどのようにして生き残りうるのだろうか？

まずは確認的発話の側から、この対比を再考してみよう。確認体の典型的もしくは範例的なケースとして、私たちは「言明」を取り上げることで満足してきた。次のように言うのは正確だろうか。すなわち、何かを言明するとき、

（1）私たちは何かを言うとともに何かを行っている、あるいはたんに何かを言うだけであるのとは異なる何かを行っている。そして

（2）私たちの発話は（こう言ってよろしければ、真または偽になることと並んで）適切または不適切になる傾向をもつ。

（1）言明することが、たとえば警告や判決と同じくらいに発語内行為の遂行であることは、あらゆる点から言って確実である。もちろんそれは、口頭の場合なら発声器官の動作を含むという点を除けば、何か特定の身体的な仕方で動作を行うことではない。しかし、それを言うならすでに見たように、警告すること、抗議すること、約束すること、名づけることも同じである。「言明すること」は、発語内行為を区別すべく私たちが見出してきた基準のすべてに合致するように見える。次のような申しぶんのない所見を考えてみよう。

雨が降っていると言うことにおいて、私は賭けをしていたのでも、論断していたのでも、

警告していたのでもない。私はたんに、それを事実として言明していたのだ。

ここで「言明すること」は完全に、論断することや賭けること、警告することと同じレベルに置かれている。あるいはまた、

それは失業の増加につながると言うことにおいて、私は警告していたのでも、抗議していたのでもない。私はたんに事実を言明していたのだ。

あるいは、これも前に使った別のタイプのテストを取り上げると、

私は彼がそれをしなかったことを言明する

は、確かに次のようなものと正確に同じレベルにある。

私は彼がそれをしなかったことを論断する、
私は彼がそれをしなかったことを示唆する、
私は彼がそれをしなかったことに賭ける、等々。

〔より〕シンプルに、原初的もしくは非明示的な発話形式

彼はそれをしなかった

を用いたとしても、同様に、右記三つの（あるいはそれら以外の）どれかへの言い換えを行うことで、私たちはこの発話で行っていたことを明示的にできるし、発話の発語内の力を特定することもできる。

さらに言うなら、発話「彼はそれをしなかった」は、しばしば言明として発せられ、それゆえ疑いなく真または偽になるとしても（何かが真または偽になるとしたら、これこそがそうだ）、しかしこの点に「私は彼がそれをしなかったことを言明する」との違いがあるとは言えそうにない。もし誰かが「私は彼がそれをしなかったことを言明する」と言ったなら、私たちは彼の言明の真理性を探究する。それは、そのひとが無条件に「彼はそれをしなかった」と言ったとしたら、当然しばしばそうするように、私たちはそれを言明として受け取るのと、まったく同じである。要するに、「私は彼が……しなかったことを言明する」と言うことは、「彼は……しなかった」と言うことが行うのとまったく同じ言明を行うのであり、「私が」言明することに関するまた別の言明を行うものではないのだ（歴史的現在や習慣的現在などの例外は除く）。よく知られているように、「私は彼がしたと思う」という発話であっても、それにたいして「それはあなたに関する言明だ」と言うことは無礼になる。〔私の内

心としては〕もしかしたら私自身に関するものなのかもしれないが、しかし言明としてはそうではありえないのだ。[*1] というわけで、次の二つのあいだには避けがたい対立などないのである。

（a）その発話を発することが何かを行うことであること、

（b）その発話が真または偽であること。

これに関して、次のようなこととの比較をしていただきたい。たとえば「私はあなたにそいつが突進してくることを警告する」は、右記と似て、警告であるのと同時にそれが突進してくることに関して真または偽にもなる、ということである。このようなあり方は、まったく同じ仕方ではないとはいえ、言明を評価する際と同じようにして、警告を評価する際に入り込んでくるものなのである。

一見したところ、「私は……〔である〕ことを言明する」は「私は……ことを断言する(maintain)」（こう言うことは、そのことを断言することだ）や「私は……ことを知らせる(inform)」、「私は……ことを証言する（testify）」等々と何か本質的に異なるようには見えない。あるいは、これらの動詞のあいだに、やがて何らかの「本質的な」違いが確立されるのかもしれないが、しかしいまはまだ何もなされてはいない。

（2）さらに、二番目に挙げられた対比によれば、遂行体は適切または不適切になり、確認体は真または偽になるのであった。しかし、ここでまた確認体として想定される側、とりわけ言明の側から考えてみると、遂行体が陥《おちい》りがちなあらゆる種類の不適切さに、言明もまた陥りがちであることがわかる。以前に立ち戻り、私たちが「不適切さ」と呼んだ仕方で、たとえば警告が陥るのと正確に同じ不能さに、言明もまた陥ることがないかどうかを考えてみよう――発話を不適切にするが、しかし真または偽にすることはない、多様な不能さに陥ることがないかどうかを。

すでに言及したように、「猫はマットの上にいる」と言うこと、もしくは言明することは、[*2] あるいみ〔発話的な含意〕において、猫がマットの上にいると私が信じていることを含意する。これは「私はそこに行くと約束する」が、私がそこに行くと意図していることや、自分がそこに行けると信じていることを含意するのとパラレルなことがら――同じいみでの含意――である。ゆえに、言明は不誠実型の不適切さに陥りうる。そして、言明はまた、不履行（*breach*）型[*3]の不適切さにさえ陥りうる。というのも、猫がマットの上にいると私が言うこと、もしくは言明することは、「マットは猫の下にある」と言うこと、もしくは言明することへと私を拘束するが、これは遂行体「私はXをYと定義する」が（たとえば法令として言われた場合）、以降私が言うことを拘束し、これらの用語を特定の仕方で使用しなければならなくなるのと、ちょうど同じだからである。そして、私たちは、このことが約束のような行為にどうつながっていくのかも見て取ることができる。以上は、Γに属する二つの不適切さが言明において生じうることを意味している。

　では、AとBの種類の不適切さ、すなわち行為――警告すること、引き受けることなど――を無効かつ空虚なものにする不適切さについては、どうだろうか。言明のように見えるものが、契約とみなされるものとちょうど同じように、無効かつ空虚になることがありうるのだろうか。答えは、重要ないみでイエスだと思われる。まずはA.1とA.2を取り上げよう。慣習（もしくは受け入れられた慣習）が存在しないケース、あるいは話し手がその慣習を呼び起こすには状況が適切でないケースである。まさにこのタイプに属するたくさんの不適切さが、言明に感染するのだ。

　言明とみなされるものが、それが指示する対象の存在を前提している（と、このことは呼ばれた）ケースについては、すでに言及した。そういう対象が存在しなければ、「その言明」は何についてのものでもなくなる。そこで、一部の人[*4]は言う、そういう状況で、もし誰かが、たとえば現在のフランス王がハゲであることを主張したとしても、「彼がハゲであるかどうか、という問いは〔端的に〕生じないのだ[*5]」と。しかし、もっとよいのは、その言明とみなされるものは無効かつ空虚である、と言うことだ。それはちょうど、私が何かをあなたに売ると言っていながら、それがじつは私のものではなかったり、（燃えてしまったりして）もう存在しなかったりする場合と同じである。契約というものはしばしば、それが関わる対象が存在しないという理由で空虚〔無効〕になるが、それは指示の断絶をはらむものになっているわけである（完全なる曖昧さ[*6]）。

　しかし、次のことに注意するのも重要である。すなわち、この種の〔つまりA.1とA.2に関わる〕不適切さではあるけれど、前述のものとは異なる仕方で契約、約束、警告等々とパラレルな不適切さがあって、「言明」はそういう不適切さにも陥りうる、という件である。たとえば「あなたは私に命令できない」と言う場合、これはしばしば「あなたは私に命令する権限をもたない」といういみであり、つまりあなたがそれを行う適切な地位にない、と言うことと同等である。同じように、あなたが言明することができないものごと——言明する権限をもたないもの、言明する地位にないもの——が、しばしば存在する。あなたは、いま隣の部屋に人が何人いるかを言明することはできない。[*7] あなたが「隣の部屋には五〇人の人がいる」と言ったとしても、私はあなたがたんに推測か臆測をしているとみなすしかない（あなたは私に命令などしていない、そんなことは想像もつかないし、だからたぶんちょっとぶしつけな仕方で頼みごとをしているんだろう。ときどきあるこういうケースと同様に、ここでは少々奇妙な仕方で「あてずっぽうの推測」がなされているのだ）。〔もちろん〕状況が異なれば、それを言明する地位にあなたがいるようなものごとが存在しうる。しかし、では他人の感情や未来の出来事についての言明はどうか？　たとえば、他人の行動についての予想や予言は真正な言明と言えるのだろうか？　発話状況を全体としてとらえることが重要である。

指名することが〔もはや〕できず、すでになされた指名についてただ確認するだけ、ということがときにあるが、それとちょうど同じように、言明することができず、すでになされた言明について確認するだけ、ということもときにある。

言明とみなされるものは、またBタイプの不適切さ、すなわち欠陥や障害にも陥りうる。

〔たとえば〕「本当はそう言うつもりがないことを言ってしまう」場合——間違った言葉を使ってしまい、本当は「蝙蝠《バット》が……」と言おうとしたのに「猫《キャット》がマットの上にいる」と言ってしまうような場合である。似たような些末事は他にもいろいろと起こる——ただし、まったくの些末事というわけでもないかもしれない。というのも、そのような発話をめぐって、もっぱら意味、すなわちいみと指示対象の観点[*8]から論争が起きるかもしれず、そうして本当は容易に理解できることについて、かえって困惑が生じることもありうるからだ。

　私たちの研究課題になっているのは文ではなく、一定の発話状況において発話を行うことであることにひとたび気づくなら、言明することが行為の遂行であることを見ずにいる見込みは、もはやほとんどありえない。それどころか、言明することを、私たちが発語内行為について述べてきたことに突き合わせるなら、他の発語内行為に負けず劣らず、言明行為にとっても「理解の獲得」が本質的であることがわかる。もし私が言ったことが聞かれていなかったり、理解されなかったりしたら、はたして私は何かを言明したのか、という疑いが起こる。これは、もし誰かが抗議等々として受け取らなければ、それは小声《ソット・ヴォーチェ》[*9]でささやくように警告したことになるのか、それとも〔やはり〕抗議したと言えるのか、といった疑いが起こるのと、ちょうど同じである。さらに、言明は「命名すること」とちょうど同じように、「効力を発する」という働きをもつ。たとえば、私がある言明を行ったら、それは他の言明を行うことへと私を拘束する。他の言明は、最初の言明と一貫していたり、食い違ったりするからだ。また、それ以降、あなたの言明や所見も、私を否認したりしなかったり、反駁したりしなかったり、等々のものとなるだろう。ある言明が反応をもたらさないかもしれないとしても、そのことはあらゆる発語内行為にとって本質的であるわけではない。そして、言明することにおいて私たちがあらゆる種類の発語媒介行為を行っている、あるいは行っている可能性があるのは、確実なことなのである。

　これはある程度もっともなことだが、いちばん議論になるかもしれないのは、言明することに特定的に結びついた発語媒介的な目的が存在しないことである。たいして、〔文句なしに発語内行為と言える〕知らせることや論断することには、それが存在する。こうした相対的な純粋さをそなえていることが、私たちが「言明」に一定程度の特別な地位を与えている一つの理由なのかもしれない。しかし、このことは、適正に適用されるなら、たとえば「記述」に似たようなプライオリティを与えることを正当化しないことは確実である。そして、ともあれこのことは、〔特定の発語媒介的な目的が存在しない〕たくさんの発語内行為についても同様なのである。

　しかし、遂行体の側からことを見るなら、それらが言明にはそなわっている何かを欠いている、という感じが、なお残るかもしれない。たとえいま示したように、その逆の関係では何ら欠くものがないとしても、この感じは残るのである。遂行体は、もちろん何かを行うことであるとともに、たまたま何かを言うことでもある。しかし私たちは、それが言明のように本質的に真または偽になるわけではない、と感じるかもしれない。つまり、確認的発話を判定、評価あるいは査定する一つの次元がここにあり〔発話が適切であることは前提されている）、これは非確認的もしくは遂行的発話では登場しない次元だ、と感じるかもしれないのである。私が何かを言明することに成功するには、その場の状況が順当でなければならない、ということに私たちは同意しよう。しかし、そのうえでなお、まさにその問いが生じる。すなわち、私が言明したことは真なのか偽なのか？　そして、これは言明が、ポピュラーな用語で言えば「事実と対応している」か否かをいまや問うている、という感じを私たちはもつのである。私はこのことに同意する。「……は真である」という表現の使用は、支持するとか、そういったことと同等だと言い立てる試みは、うまくいかない。ここで私たちは、成立した言明を批評する新たな次元を手にしているのだ。

しかし、では、

（1）典型的な遂行体と思える他の発話の、少なくとも多くのケースにおいて、成立した発話にたいして適用される、〔真偽に〕似た客観的な評価はないのだろうか。そして、

（2）言明についての以上の説明は少し単純化しすぎ、ということはないか。

第一に、たとえば見積もること、評決すること、宣告することといった判定型〔の遂行的発話、発語内行為〕のケースでは、真または偽へのあきらかな傾きが存在する。たとえば、私たちは、そうした行為を以下のように行うかもしれない。

宣告する（pronounce）　正確に、あるいは不正確に　たとえば、打者がアウトであることを。
評決する（find）　正当に、あるいは不当に　たとえば、彼が有罪であることを、
見積もる（estimate）　正しく、あるいは間違って　たとえば、いま二時半であることを、

〔これら〕判定型のケースで、私たちは「真であるように（truly）」とは言わないものの、〔真偽を問題にする場合と〕確かに同じ問いに立ち会うことになる。[*10] そして、「正しく（rightly）」、「間違って（wrongly）」、「正確に（correctly）」、「不正確に（incorrectly）」といった副詞は、言明とともに用いられもする。

あるいはまた、堅実に、もしくは妥当に推断したり論断したりすることと、真であるように言明することのあいだにも、パラレルな関係がある。そこで問われるのは、たんに彼が論断や推断の行為をしたかどうかではなく、それを行う資格をもっていたかどうか、そして成功裡に行ったかどうか、である。警告や助言は、正確または不正確に行われるかもしれないし、よいものだったり、まずいものだったりするかもしれない。似たような考察は、賞賛、叱責、祝福などでも生じる。もし、たとえばあなた自身が同じことをしていたなら、あなたの叱責は筋の通らないものになる。賞賛、叱責、祝福がその対象にふさわしいものか否か、という問いも、いつでも生じる。あなたは彼を叱責し、それでその件は終わり、と言うだけでは十分ではない――やはり一つの行為が、何らかの理由から他の行為より好ましいとされ

ているのだ。[*11] 賞賛や叱責がふさわしいものかどうかという問題は、それらが時宜を得たものかどうかという問題とは大きく異なっており、助言のケースでも同じ区別をすることができる。助言について、よいとかまずいと言うことは、それが時宜を得ているとかそうでないと言うこととは違う。ただし、助言のタイミングが助言のよさを左右する度合いは、叱責のタイミングが叱責のふさわしさを左右する度合いより大きいものではあるが。

　私たちは、真であるように言明するということは、堅実に（soundly）論断すること、うまく（well）助言をすること、公正に（fairly）判定すること、正当に（justifiably）叱責することとは異なる部類の評価である、という確信をもつことができるだろうか。これらのさまざまな評価は、込み入った仕方ながら、事実と何らかの関係をもってはいないだろうか。同じことは、命名すること、指名すること、遺贈すること、賭けをすることといった行使型〔の遂行的発話、発語内行為〕についても言える。事実についての知識や意見と並んで、事実そのものも関わってくるのである。

　確かに、もちろん、そこに区別をつけようとする試みは絶え間なく行われる。論断の堅実さ（それが「妥当な（valid）」演繹的論証ではないとして）や叱責のふさわしさは客観的なことがらではない、と言い立てられる。また、警告においては、雄牛が突進してきそうだという「言明」は、警告そのものから区別すべきだ、と言われたりもする。しかし、ちょっと考えてみてほしいのだが、真か偽かという問いは、そんなにも客観的なものなのだろうか。私たちは問う、「それは公正な（*fair*）言明なのか？」、そして言明することや言うことを支えるしかるべき理由や証拠は、論断することや警告すること、判定することといった遂行的な行為を支えるしかるべき理由や証拠とは、そんなにも違うものなのか、と。それから、確認体はいつでも真または偽になるものなのか。確認体を事実と突き合わせるとき、私たちは実際のところ非常に幅広い用語群を活用して、いろいろな仕方で評価を行うのであり、その用語群は遂行体の評価で使用するものと重なり合ってもいる。現実生活では、論理学の理論で思い描かれる単純な状況とは対照的に、真か偽かという問いは、かならずしも単純な仕方で答えられるものではない。

「フランスは六角形である」[*12]を事実と、すなわちこの場合、私が思うにフランス〔の国土そのもの〕と突き合わせてみたとしてみよう。それは真なのか偽なのか？　まあ、言ってみるなら、ある程度までは、といったところだろう。もちろん、この発話で言わんとすることはわかるが、それは一定の趣旨や目的のためということなら真とも言える、という具合である。最高位クラスの将軍にとっては十分かもしれないが、地理学者にとってはそうではないだろう。「ふつうに考えればかなり大雑把な言い方だけど、」と私たちは言うだろう、「かなり大雑把な言明としては、まずまずだ」。しかし、それでも誰かが言う、「だが、それは真なのか、それとも偽なのか？　大雑把かどうかなんてことはどうでもいい。もちろんそれは大雑把だ、しかしともあれ真か偽でなくちゃならない――だって、それは言明なんだよね？」フランスが六角形であるというのは真か偽か、というこの問いに、いったいどうしたら答えられるのか？　それは、ただただ大雑把と言うに尽きるのであり、これこそが「フランスは六角形である」とフランスとの関係に関する問いへの正しい最終的な答え《ファイナル・アンサー》である。大雑把な記述であり、真でも偽でもない記述なのだ。

第二に、真なる言明と偽なる言明のケースにおいても、よい警告とまずい警告のケースとちょうど同じく、発話の趣旨と目的、そしてコンテクストが重要になってくる。学校教科書で真と判断されるものが、歴史研究の著作では偽とされるかもしれない。「ラグラン卿はアルマの戦いで勝利を収めた[*13]」という確認体を考えてみよう。ただし、アルマの戦いなるものがあったとすれば、それは兵士の戦いであって、ラグラン卿の命令は部下の一部にちっとも伝わっていなかったことを念頭に置きつつ。ラグラン卿は、はたしてアルマの戦いに勝ったのか、それともそうではないのか？　もちろん、もしかしたら学校教科書など、一部のコンテクストでは、そう言うことは申しぶんなく正当化される——とはいえ、それはある種の誇張であり、その戦績でラグランに勲章を授与するなどというのは問題外の話である。「フランスは六角形である」が大雑把であるのと同様に、「ラグラン卿はアルマの戦いで勝利を収めた」は誇張であり、あるコンテクストには適合するが、それ以外では通用しない。それが真か偽か、ということにこだわるのは的外れなのだ。

第三に、すべてのハクガンはラブラドルに渡る[*14]、というのが真かどうかを考えてみよう、ただし怪我を負った一羽がおそらくは、ときに全行程からは脱落することがあるかもしれないのを考慮に入れつつ。この種の問題に直面して、多くの人びとが、「すべての……」で始まるこのような発話は規範的な定義である、もしくはあるルールの採用をうながす助言である、と主張した。この主張は、多くの正当性を含むものではある。しかし、何のルールか？こういう考えは、部分的には、この種の言明の指示対象への無理解、すなわちすでに知られているものに指示対象が限定されていることへの無理解から生じる。言明の真理は事実についての知識ではなく事実〔そのもの〕に依拠する、と単純に言明することは、なかなかできることではない。オーストラリアが発見される以前の時点でXが、「すべてのスワンは白い」と言ったとする。その後オーストラリアで黒いスワンが見つかったら、Xは反駁されたことになるのか？　いまや彼の言明は偽になったのか？　かならずしも、そうではない。彼は自分の言を撤回しつつも、こう言うかもしれない、「私はありとあらゆる場所にいるスワンについて語っていたわけではない。たとえば火星の可能的なスワンについて言明していたわけではないのだ」。〔対象への〕指示は、発話の時点における知識に依存する。

言明の真偽は、それが何を度外視し、何を考慮に入れているかという事情や、それがまぎらわしいものになっているといった事情等々に左右される。そうして、たとえば真または偽になるものだと言われ、あるいはこの言い方がお好みなら、「言明」である記述は、ある目的のために選択されて発せられるものであり、だから確かに以上のようないろいろな批判にさらされがちなものなのだ。以下のようなあり方をはっきり理解することが本質的である。「真」と「偽」は、「自由な（free）」と「自由のない（unfree）」と同様に、何かしら単純なことがらを表すものではまったくない。それらはたんに、正しくないものとの対比において、どこか正しかったり適正だったりする発話内容の一般的な次元を表すだけのものである。そしてそれは、この状況において、この聞き手にたいして、これらの目的のために、これらの意図をもって、というように制約されるものなのである。

一般に、こう言うことができるだろう。言明（や、たとえば記述）と警告等々の両方について、以下の問いが提起されうる。すなわち、あなたが確かに警告、言明、助言を行い、かつそれらを行う権限をもっていたと前提したうえで、はたしてあなたは言明や警告、助言を正しく[*15]行ったのか、という問いである——これは発話が時宜を得たものだったのか、当を得たものだったのか、といういみでの問いではなく、事実に照らして、そして事実についてのあなたの知識、発話におけるあなたの目的等々に照らして、それが言うべき適正なことだったのか、といういみでの問いだ。

この理論は、プラグマティストたちが言ってきたことの多くとは、つまり真であるとは役立つということである云々という旨のこととは、かなり異なるものである。言明の真偽は言葉の意味だけに依拠するものではなく、どんな状況で、どんな行為が行われていたかにも依拠するものなのだ。

さて、こうなってみると、遂行的発話と確認的発話の区別には、最後に何が残っているのだろうか？　実際、言えるかもしれないのは、私たちの心中にあった考えは以下のようなものだった、ということである。

（*a*）確認的発話ということで、私たちは言語行為の発語内的な側面を（そして、言うまでもなく発語媒介的な側面も）抽象して、発語行為に注意を集中させている。そのうえ、私たちは事実との対応という過度に単純化された概念を用いている――事実との対応というのは本質的に発語内的な側面も取り込むものだから、これは過度の単純化なのである。私たちは、いかなる状況、いかなる目的、いかなる聞き手、等々であっても、とにかく正しくなるであろう発話という理想を追い求めている。[*16] ひょっとすると、これはときに実現するかもしれないが。

（b）遂行的発話ということで、私たちは発話の発語内の力にできうるかぎり寄り添っていて、事実との対応という次元を抽象している。

こういう抽象化は、どちらもあまり当を得たものではないかもしれない。本当は二つの極のようなものがあるのではなく、歴史上の発達段階があるのかもしれない。しかしながら、私たちは現実生活のなかで、一定のケースにおいて、そういう極の発見に近づいていってしまう。確認体の例としては物理学書のなかの数式が、遂行体の例としては簡易な行政命令や単純な名前をつけることが、そういうケースにあたるかもしれない。〔本書で取り上げてきた〕「私は謝罪する」や、特にこれといった理由もなく発せられた「猫がマットの上にいる」のような極端に周辺的なケースと同様、この種の事例が、二種の別種の発話群という考えにつながったのである。しかし、本当の結論は、確かに次のようなものでなければならない。すなわち、必要なのは、（a）発語行為と発語内行為を区別すること、そして、（b）各種の発語内行為――警告、見積もり、評決、言明、そして記述――に関して、それぞれにあてられた特有の評価のされ方があるとしたら、それを特定的かつ批判的に確定させること。

評価は、第一に適正か適正でないかの点で行われ、第二に「正しい」か「間違い」かの点で行われるが、それぞれの行為において、どういう賞賛と非難の言葉が使われるか、それらが何を意味するのかについて、特定的かつ批判的に確定させなければならない。この探究は広い範囲にわたり、そして確実に、「真」と「偽」という単純な区別に帰着するようなものではない。また、言明とそれ以外のものの区別に帰着することもない。言明することは、発語内行為の階層に生息するおびただしい数の言語行為の一つにすぎないからである。

さらに言うなら、一般に発語行為も発語内行為と同じく抽象の産物にすぎない。まっとうな言語行為は、どれでも同時に両方の行為なのである。（これは用語行為や意味行為等々がたんなる抽象である仕方に似ている。）しかし、もちろん典型的には抽象された多様な「行為」が区別され、その区別は茶碗と口のあいだで起こりうるいろいろなしくじり方式[*17]によって、この場合で言い換えれば、行為の遂行において生じうるナンセンスのさまざまなタイプによって、行われるのである。私たちは、この点と、各種ナンセンスの分類をめぐって冒頭の講義で述べられたこととを比較してもよいだろう。

訳注

＊1　第二版では、この文は次のように変更されている。「……かもしれないが、しかし「私は彼がそれをしたことを言明する」はそうではありえないのだ」。

＊2　第二版では、この「言うこと、もしくは言明することは」は「言うことは、言明することと同等のものとして」と変更されている。

＊3　「不履行」は、Γ.2への違反、つまり約束したことをやらない、といった事後的な不適切さにオースティンが与えた名称。三九頁の図での該当箇所は「？・」となっているが、アームソンによる編者注（第Ⅱ講の原注（2））で言及され、また本文でも六九頁で登場している。

＊4　第Ⅱ講の訳注＊7で紹介した、ストローソンの見解が念頭にあると思われる。

＊5　引用であるかのような体裁だが、少なくともストローソンの当該論文には、このとおりの文言は見あたらない。いちばん近いのはたぶん、「つまり、フランスの王、というような者は誰もいないのだから、彼の言明が真であるか偽であるかという問いは端的に生じない、とあなたは述べたくなるだろうと思う」（ピータ・F・ストローソン「指示について」藤村龍雄訳、坂本百大編『現代哲学基本論文集Ⅱ』勁草書房（双書プロブレーマタ）、一九八七年、二二四頁。強調は原文）だろう。

＊6　第二版では、この括弧書きは削除されている。

＊7　言うまでもなく、ついさっき隣の部屋を覗いてきたとか、窓越しに隣の部屋が見える、といった想定は除外されている。

＊8　第二版では、この「意味、すなわちいみと指示対象の観点」は「いみと指示対象と同等のものとしての意味の観点」と変更されている。

＊9　"sotto voce" は音楽用語で、「s.v.」と略記される。声楽用語だが、器楽でも使われる。

＊10　ふつうなら「正しく」とか「偽りなく」とするのが自然だが、しかし言明の評価基準としての真偽が問題になっている脈絡なので、やむなくこのような不自然な訳語にした。

＊11　叱責には通常、それが正当な叱責である理由づけが（少なくとも黙示的には）ともなっている、といったことか。

＊12　言うまでもなく、地図で見るようなフランスの国土の形の話。

＊13　アルマの戦いは、クリミア戦争（一八五三—五六年）における戦闘。一八五四年九月二〇日に英仏連合軍とロシア軍のあいだで戦われ、前者が後者を撃破した。ラグラン卿（初代ラグラン男爵フィッツロイ・サマセット）（一七八八—一八五五年）は、そのさい、英軍最高司令官だった。

＊14　カナダ北東部の地域名。

＊15　第二版では、ここには強調が施されていない（イタリックではなく立体になっている）。

＊16　第二版では、この文は次のように変更されている。「これは、いかなる状況、いかなる目的、いかなる聞き手、等々であっても、とにかく正しくなるであろう発話という理想である」。

＊17　「茶碗を口にもっていくまでのわずかなあいだにも、いくらでもしくじりはある」ということわざをふまえている。

第XII講〔発語内の力の分類〕

非常にたくさんの未解決事項が残されているけれども、しかし手短にこれまでのあらましを述べるだけにして、私たちは先に向かわなければならない。「確認的」－「遂行的」という〔当初の〕区別は、その後の私たちの理論に照らしていたなら、どう見えるものだったのだろうか。一般に、そしてこれまで考察してきた（もしかしたら罵《ののし》りを除く）すべての発話について、私たちが見出したのは以下のものであった。

（1）適切／不適切の次元、
（1*a*）発語内の力、
（2）真／偽の次元、
（2*a*）発語行為的な意味（いみと指示対象）。

遂行的／確認的の区別の理論が、全体的な言語行為における発語行為と発語内行為の理論にたいしてもつ関係は、特殊理論が一般理論にたいしてもつ関係である。こういう一般理論がなぜ必要かといえば、それはひとえに、伝統的な「言明」が一つの抽象、一つの理想だからであり、ゆえに伝統的に言明に帰されてきた真または偽なるものも同様だからである。しかし、この点について、私は希望の花火をほんの二、三発打ち上げるくらいのことしかできなかった。私が示唆したかった教訓のうち、特に以下のものを挙げておこう。

（A）全体的な発話状況における全体的な言語行為こそが、ただ一つの現実の現象なのであり、結局のところ私たちがその解明に取り組むものである。

（B）言明すること、記述することなどは、その他にも非常にたくさんある発語内行為の名前のうちのただの二つにすぎない。それらは何ら特権的な地位を占めるものではない。

（C）とりわけ、それらは真または偽と呼ばれる特権的な仕方で事実と関係しているということによる特権的地位など、何らもたない。なぜなら、真または偽というのは関係や性質あるいは何かそのようなものの名称ではなく（ただし、特定の目的のために人工的な抽象によってそうすることはいつでも可能だし、また正当でもあるのだが）、評価の仕方のある一つの次元だからである――言葉がどうあるかを、それが言及する事実や出来事、状況などとの関係の面でどれほど満足いくものか、という観点で推し量る、評価の次元だからである。

（D）同じ理由から、「規範的もしくは価値評価的」なものを事実的なものに対立させるおなじみの対比も、他の数多くの二分法と同様に消去される必要がある。

（E）「いみと指示対象」と同等のものとしての「意味」の理論についても、発語行為と発語内行為の区別という観点から、一定の淘汰と再定式化を行う必要が確かにあるのではないか、というもっともな疑いが起こるだろう（もしこの区別が健全なものだとして[*1]）。いまのところは、ぼんやりと輪郭が描かれただけだ）。私は〔この点について〕ここで十分な考察が行われていないことを認める。私は伝統的な「いみと指示対象」を、現在通用している見解の強度を頼りに、ここで使ったにすぎない。また、言明の発語内の力についての直接的な考察を行わなかったことも、強調しておこう[*2]。

さて、かねてから言ってきたように、さらにもう一つ、あきらかになされなければならないことがあった。先送りにされてきたフィールドワークの件である。ずっと以前になってしまったが、私たちは「明示的な遂行的動詞」のリストが必要だと言った。しかし、〔その後見出された〕より一般的な理論に照らせば、いまや必要なのは発話の発語内の力のリストであることがわかる。とはいえ、旧来の原初的遂行体と明示的遂行体の区別は、遂行的／確認的の区別から言語行為の理論への様変わり[*3]を越えて、きわめて上首尾に生き残るだろう。というのも、私たちは最初の区別をして以降、明示的な遂行的動詞を見分けるために提案されたテストのたぐい（「……と言うことは……することである」等々）がある役割を果たすと想定できる理由を見てきたし、また事実、それらはいっそううまくその役割を果たすからである。その役割とは、いまや発話の発語内の力と言えるものを明示する動詞、あるいは発話の遂行においてどんな発語内行為を行っているのかを明示する動詞を選り分けることだ。では、理論の変転を生き残らないのは何かといえば、周辺的かつ限定的なケースとして成り立つものを除けば、遂行体の純粋性という概念である。当初からトラブル続きのものなので、このことに驚きはほとんどない。遂行体の純粋性は本質的に遂行体と確認体の二分法への信頼にもとづいていたが、いまや私たちは互いに関係し合ったり、重なり合ったりする言語行為のより一般的な種族を支持するようになり、この信頼は捨てなければならないように思われる。それらの種族について、私たちはこれから分類を試みようというわけだ。

　そこで、一人称・単数・現在形・直説法・能動態の形式というシンプルなテストを（注意深く）使い、寛大な精神で辞書（コンパクトなもので十分なはずだ）を通覧することで、私たちは一〇の三乗の桁[1]におよぶ動詞のリストを獲得する。言ったように、私は一般的な予備的分類を試み、そして提案した分類の各グループについての所見をいくらか述べよう。さて、それでは始めよう。私は皆さんをただあちこち連れまわし、あるいはむしろじたばたさせるだけになるだろうが。

　私は五つのより一般的な[*4]グループ分けをするが、しかし私はそれらについて等しく満足しているわけではまったくない。とはいえ、それらは二つのフェティッシュを台なしにするにはきわめて十分である。私はそれらを台なしにしたい、という自分の気持ちを認めよう。それらはすなわち、（1）真／偽のフェティッシュ、（2）価値／事実のフェティッシュである。発語内の力に従って分類された発話の各グループを、私は以下のような多かれ少なかれ気味の悪い名称で呼ぶ。

（1）判定型（Verdictives）
（2）行使型（Exercitives）
（3）拘束型（Commisives）
（4）態度型（Behabitives）（これは〔特に〕不快な名だ）
（5）説明型（Expositives）

以下、この順で見ていくが、まずはそれぞれについて、ごく大まかな見解を示しておこう。

最初の判定型は、その名が示すように、陪審員団や仲裁人、審判などによる評決／判定（verdict）の付与を典型とする。しかし、そういうものだけで尽きるわけではなく、たとえば見積もり、推定、査定もここに入るかもしれない。それは本質的に、何かについて——事実面あるいは価値面で——評決／判定（finding）を与えることである。ただし、いろいろな理由から、その何かをはっきり確定させるのは難しい。

二番目の行使型は、力、権利、あるいは影響力を行使すること（exercising）である。事例は、指名すること、投票すること、命令すること、催促すること、助言すること、警告すること、等々。

三番目の拘束型は、約束することや、その他あれこれの仕方で引き受けることを典型とする。それらは発話者を何かすることへと拘束する（*commit*）が、約束ではない意図の宣言や表明も含み、あるいはたとえば肩をもつといったような曖昧な擁護行為と呼べるかもしれないものも含む。これは、あきらかに判定型、行使型と関係をもつ。

四番目の態度型は、非常に種々雑多なものが入り混じったグループだが、態度や社会的ふるまい (*social behaviour*) との関係をもたなければならない。事例は、謝罪すること、祝福すること、褒めそやすこと、お悔やみを言うこと、呪うこと、挑戦すること。

五番目の説明型を定義するのは難しい。それは当の発話が議論や会話の流れのなかにどう収まるか、言葉がどのように使われているかをあきらかにするものであり、一般的には説明的 (expository) と言えるものである。事例は、「私は返答する (reply)」[*5]、「私は論断する」、「私は容認する」、「私は例証する」、「私は想定を行う」、「私は仮定を設定する」。最初から明確にしておかなければならないのは、〔以上のいずれの型も〕周辺的だったり、落ち着きが悪かったり、互いに重なり合ったりするものを許容する、幅広い可能性があることだ。

私の見るところ最もトラブル含みなのは、最後の二つのグループである。不明瞭だったり、複数の分類基準が混在していたりする可能性は十分にあり、新しい分類の仕方にすっかり切り替える必要すらあるかもしれない。私としては、これを何か決定的なもののように押し進めるつもりなどまったくない。態度型はまったく種々雑多すぎるように見えるため、トラブル含みである。また、説明型は非常におびただしい数の種類があるうえに、重要でもあるため、そして他のグループにも属するように見えるのと同時に、ある面では独特でもあるため、トラブル含みである。その独特さについても、私はまだ自分にたいしてもはっきりさせられていない。〔ともあれ〕すべての面がすべてのグループにおいて現れている、というのは十分に言えるかもしれないことである。

1　判定型

事例は以下のごとく。

無罪宣告する (acquit)	有罪宣告する (convict)	判定する（事実の問題として）(find)
判決する（法の問題として）(hold)	……だと解釈する (interpret as)	理解する (understand)
……と読み取る (read it as)	裁定する (rule)	算定する (calculate)
推定する (reckon)	見積もる (estimate)	突きとめる (locate)
位置づける (place)	時期を算定する (date)	評定する (measure)
……と見積もる (put it at)	みなす (make it)	〔……と〕受け取る (take it)
格づけする	等級づけする	評価づけする

(grade)　(rank)　(rate)
評価する (assess)　値踏みする (value)　評する (describe)[6]
特徴づける (characterize)　診断する (diagnose)　分析する (analyse)

さらに、たとえば「彼は勤勉と呼ぶべきだろう」のような人物の査定（appraisal）や評定（assessment）においても事例が見出される。

判定型は、公式または非公式に、事実面や価値面における証拠や推定にもとづいて、それらが判別されうるかぎりにおいてなされる判定を提示することとして成り立つ。判定型は、立法的あるいは行政的な行為ではなく、司法的な行為である。前者二つは、行使型になるものだ。しかし、司法的行為の一部には、たとえば陪審員ではなく判事によってなされるという広いいみで、実際には行使型になるものがある。正当性と非正当性、公正さと不公正さといった観点において、判定型は真偽とあきらかな関係をもつ。[7] 判定型の内容が真か偽か、という観点は、たとえば審判のコール「アウト」、「スリーストライク」、「フォアボール」をめぐる議論において表沙汰になる。

行使型との比較

判事の裁定は公的な行為として、〔判例として〕法をつくる。陪審員の評決は、有罪の重罪人をつくる。審判による打者アウトの宣告、フォルトやノーボール[*8]のコールは、打者をアウトに、サーブをフォルトに、投球をノーボールにする。これらは公的地位の力によってなされることである。しかし、それらはなお、証拠にもとづき、正確または不正確、正または誤、正当化可能または不可能といった趣旨を有するものでもある。賛成か反対か、という〔意見の〕決定ではないのだ。そう言ってよければ、司法的行為は法執行的行為だが、しかし「それはあなたの所有物とする」という法執行的発話は「それはあなたの所有物である」という判定から区別しなければならない。また、同じように損害の評価(assessing)は損害の裁定(awarding)から区別しなければならない。

拘束型との比較

判定型は法において、話し手自身やその他の人びとにたいして効果をもつ。たとえば、ひとたび判定や見積もりを行えば、それは私たちをその後の一定のふるまいへと拘束する。これは、どんな言語行為であれ、少なくとも一貫性を目して行われるものだし、〔場合によっては〕一貫性がいっそう重視されるかもしれない、といういみでのことである。そして、私たちは自分たちがどんなふるまいへと拘束されるかを、あるいは知っているかもしれない。たとえば、ある一定の判定を下すことは、損害を裁定することへと発話者を拘束するだろうし、あるいみで現に拘束している。また、事実にたいしてある解釈を与えることによって、私たちはみずからを一定の判定や見積もりへと拘束するかもしれない。判定を下すことはまた、支持することにも大いになりうる。誰かの肩をもつことへと、その人を弁護することへと発話者自身を拘束するかもしれないのだ。

態度型との比較

祝福することは、価値や人柄についての判定を発話的に含意するかもしれない。また、「とがめる」は、あるいみにおいて「責任を帰する」と同義になることがあり、その場合、とがめることは判定型になる。しかし、別のいみでは、ある人物にたいしてある態度をとることであり、その場合は態度型である。

説明型との比較

「私は解釈する」、「私は分析する」、「私は記述する」、「私は特徴づける」と言う場合、これらはある点では判定を与えることである。しかし、本質的に言語的なことがらと結びつき、説明行為を明確にすることでもある。「私はあなたにアウトをコールする」は「私はそれを「アウト」だとコールする」と区別されなければならない。前者は言葉の使用がすでに与えられたうえでの判定であり、「私はそれを臆病と評すべきだろう」のたぐいであるのにたいして、後者は言葉の使用についての判定であり、「私はそれを「臆病」と評すべきだろう」のたぐいである。

2　行使型

行使型は、ある一定の行動への支持や不支持の決定を行うことであり、あるいは一定の行動を擁護することである。それは、何かはこれこれである、という判断ではなく、何かはこれこれであれ、という決定である。こうなのだという見積もりではなく、こうあるべきだという唱導であり、評価ではなく裁定であり、判定ではなく判決である。仲裁人や判事は判定型を行うのと並んで、行使型も同じように使用する。その結果は、他者が一定の行為を「強いられる」、「許可される」、「許可されない」といったものかもしれない。

これは非常に広範なグループを形成する。事例は以下のごとく。

指名する (appoint)	降格させる (degrade)	降級させる (demote)
解雇する (dismiss)	破門する (excommunicate)	名づける (name)
命令する (order)	指令する (command)	指図する (direct)
判決を下す (sentence)	罰金を科す (fine)	認める (grant)

〔税などを〕課す (levy)　……に賛成票を投じる (vote for)　任命する (nominate)
選出する (choose)　請求する (claim)　譲渡する (give)
遺贈する (bequeath)　赦免する (pardon)　辞任する (resign)
警告する (warn)　助言する (advise)　嘆願する (plead)
祈願する (pray)　懇願する (entreat)　請う (beg)
催促する (urge)　強要する (press)　推奨する (recommend)
布告する (proclaim)　表明する (announce)　破棄する (quash)
撤回する (countermand)　無効にする (annul)　廃止する (repeal)
制定する (enact)　〔刑の執行を〕猶予する (reprieve)　拒否権を行使する (veto)

開会を宣する (declare open)
閉会を宣する (declare closed)
献呈する (dedicate)

判定型との比較

「私は判決する」、「私は解釈する」、およびそれらと似たものは、公的な場面では行使型の行為になりうる。[*9] さらに「私は裁定する (award)」と「私は免除する (absolve)」も行使型だが、これらは判定型にもとづくものだろう。

拘束型との比較

許可する (*permit*)、公認する (*authorize*)、委任する (*depute*)、提議する (*offer*)、譲歩する (*concede*)、譲渡する、認可する (*sanction*)、賭ける (*stake*)、承諾する (*consent*) など、多くの行使型は、事実として話し手を一定の行動へと拘束するものである。「私は宣戦布告する (declare war)」や「私は自分のものだと認めない (disown)」と言う場合、私の行為の目的は、全体として、自分自身を一定の行動へと拘束することにある。行使型と自身を拘束することのあいだの関係は、意味と含意のあいだの関係のように近しい。指名することと名づけることも、あきらかに話し手を拘束するものだが、しかし私たちとしてはむしろ権限、権利、名前等々を付与するもの、あるいはそれらを変更させたり消去したりするものだと言おう。

態度型との比較

「私は挑戦する（challenge）」、「私は抗議する（protest）」、「私は賛意を表する（approve）」といった行使型は、態度型と近しく結びついている。挑戦すること、抗議すること、賛意を表すること、褒めそやすこと（commending）、推奨することは、ある態度をとることかもしれないし、あるいは〔そういう態度をともなう〕行為を遂行することかもしれない。

説明型との比較

「私は取り消す（withdraw）」、「私は異議を唱える（demur）」、「私は反対を唱える（object）」といった行使型は、議論や会話のコンテクストにおいて、説明型とほとんど同じ力をもつ[*10]。

行使型が使用される典型的なコンテクストとしては、以下のようなものがある。

（1）職務や任務への従事、立候補、選挙、入会・入場、辞任、免職、申し込み、
（2）助言、奨励、申し立て、
（3）権能付与、命令、判決、取り消し、
（4）会合や業務の管理運営、
（5）正当な要求、損害請求、起訴、等々。

3 拘束型

拘束型の核心は、話し手自身を一定の行動へと拘束することにある。事例は以下のごとく。

約束する (promise)
盟約する (covenant)
契約する (contract)
引き受ける (undertake)
誓言する (bind myself)
言質を与える (give my word)
……と決意している[*11] (am determined to)
意図する (intend)
自分の意図を宣言する (declare my intention)
……するつもりである (mean to)
計画する (plan)
企てる (purpose)
……しようと提案する (propose to)
……しよう (shall)
目論む (contemplate)
〔将来のことを〕心に描く (envisage)
請け合う (engage)
誓う (swear)
保証する (guarantee)
誓約する (pledge myself)
賭ける (bet)

祈誓する（vow）　同意を表する（agree）　承諾する（consent）
……に〔時間や労力を〕捧げる（dedicate myself to）　賛成の意思表示をする（declare for）　……の肩をもつ（side with）
受け入れる（adopt）　擁護する（champion）　受容する（embrace）
支持する（espouse）　反対する（oppose）　賛成する（favour）

意図の宣言は引き受けることとは違うので、それらを同じグループに入れることには疑問をもたれるかもしれない。〔行使型で〕催促することと命令することを区別したのだから、ここでも意図することと約束することを区別した。しかし、どちらも原初的な遂行体「……しよう（shall）」によってカバーされる。たとえば、私たちはこういう言いまわしを使う、「たぶん……しよう」、「できるかぎり……しよう」、「十中八九……しよう」、そして「たぶん……しようと約束する[12]」。

ここにはまた「記述」への傾きが存在する。一方の極で、私は自分がある意図をもっていることを言明するだけにとどめることができるが、しかし私はまた意図や決意を宣言、表現（express）、表明する（announce）こともできる。「私は自分の意図を宣言する」は、疑いなく私を拘束する。そして、「私は意図する」と口に出すことは、一般に宣言や表明を行うことである。同じことは、たとえば「私は人生を……に捧げる」といったような支持においても起こる。「賛成する」、「反対する」、「その見解を受け入れる」、「その見解をとる（take）」、そして「受容する」のような拘束型では一般に、賛意や反対の意思等々をたんに言明したというだけでは済まず、それらの行為を行うことの表明にもならざるをえない。「私はXに賛成する」と言うことは、コンテクスト次第で、Xに賛成票を投じること、Xを支持すること、Xを賞賛する（*applaud*）ことになるかもしれない。

判定型との比較

判定型は、二つの仕方で行動への拘束を行う。

（*a*）その判定の一貫性を保ち、判定を維持するために必要な行動への拘束、

（*b*）判定の結果でありうる行動、あるいは結果の一部でありうる行動への拘束。

行使型との比較

たとえば名づけることのように、行使型は行為の結果に関して話し手を拘束する。許可型（permissives）と言うべき特殊なケースについては、それを行使型に分類すべきなのか、それとも拘束型にか、と問うことができるかもしれない。

態度型との比較

憤慨すること[13]（resenting）や賞賛すること、褒めそやすことといった反応は、〔その対象やその反対のものを〕支持することを含み、助言や選択（choice）と同様の仕方で話し手を拘束する。しかし、態度型は〔それが賞賛などした〕そのとおりのふるまいへと拘束するのではなく、含意によって似たようなふるまいへと拘束するのである。たとえば、私が誰かをとがめるとしたら、私はその人の過去のふるまいにたいして、ある態度をとっているわけだが、自分への拘束としては、それと似たようなふるまいは避けよ、というものにとどまる。

説明型との比較

何かが事実であると誓うこと、約束すること、保証することとは、説明型に似た働きをする。[14]〔……と〕呼ぶこと（calling）、定義すること（defining）、分析すること、想定を行うこと（assuming）は一つのグループをつくり、〔意見などを〕支えること（supporting）、同意を表すること、不同意を表すること（disagreeing）、擁護すること（maintaining）、弁護すること（defending）は別のグループをつくる。後者は説明型と拘束型の両方にまたがるように見える発語内行為のグループである。

4　態度型

態度型は、他者のふるまいや境遇にたいする反応や、過去に行われた、あるいはいまにも行われそうな他者の行為にたいする態度およびその表明という概念を含む。これは、感情を口に出すといういみで、どう感じているかを言明もしくは記述すること、そして表現することと、あきらかな関係をもつ。しかし、態度型は言明や記述とも、表現とも違うのである。

事例は以下のごとく。

1　謝罪するためのものとして、「謝罪する（apologize）」。
2　感謝するためのものとして、「感謝する（thank）」。
3　共感を表すものとして、「遺憾に思う（deplore）」、「憐れむ（commiserate）」、「賛辞を述べる（compliment）」、「お悔やみを言う（condole）」、「祝福する（congratulate）」、「祝う（felicitate）」、「共感する（sympathize）」。
4　態度を表すものとして、「憤慨する（resent）」、「気にしない（don't mind）」、「敬意を表する（pay tribute）」、「批判する（criticize）」、「……に不平を述べる（grumble about）」、「……に苦情を言う（complain of）」、「賞賛する（applaud）」、「大目に見る（overlook）」、「褒めそやす（commend）」、「非難する（deprecate）」、そして行使型の用法でない場合の「とがめる（blame）」、「賛意を表する（approve）」、「賛成する（favour）」。

5　あいさつの言葉として、「歓迎する（welcome）」、「おいとまする（bid you farewell）」。

6　願望を表すものとして、「神の御加護を祈る（bless）」、「呪う（curse）」、「祝して乾杯する（toast）」、「祝杯をあげる（drink to）」、そして「望む（wish）」（ただし、「望む」の厳密に遂行的な用法として）。

7　挑戦的なものとして、「挑む（dare）」、「挑発する（defy）」、「抗議する（protest）」、「挑戦する（challenge）」。

態度型の領域に入る行為は、通常どおりの不適切さに陥りうるほかに、不誠実さという特別な領野をそなえている。

これと拘束型のあいだには、あきらかな関係がある。褒めそやすことと〔意見などを〕支えることとは、両者とも〔他者の〕ふるまいへの反応であると同時に、一定方向の行為へとみずからを拘束するものだからだ。また、行使型とも近しい関係があって、賛意を表することは、ときに権限の行使であり、ときにふるまいへの反応である。このような境界事例としては、ほかに「推奨する」、「大目に見る」、「抗議する」、「懇願する」、「挑戦する」などがある。

5　説明型

説明型は〔当の発話自体を〕説明する行為で用いられるもので、見解を詳説すること、議論を管理調整すること、〔言葉の〕用法や指示対象を明確にすることを含む。繰り返し述べてきたように、これらは説明型であると同時に判定型、行使型、態度型、あるいは拘束型ではなかろうか、という疑問があり、これは議論に値するかもしれない。また、これらは感情や実践等々のストレートな記述ではないか、という疑問も議論に値しうる。後者の議論は、とりわけ、ときに見られる行為を言葉に合わせる事例をめぐって生じる。たとえば「私は次に……の話題に移る（turn next to）」、「私は引用する（quote）」、「私は引証する（cite）」、「私は要約する（recapitulate）」、「私は……ことを重ねて言う（repeat that）」、「私は……ことに言及する（mention that）」などにおいて。

〔以下のリストで説明型として挙げるものの[*15]〕判定型と解されてももっともと思える事例[*16]は「分析する」、「分類する（class）」、「解釈する」で、これらは判定の行使を含んでいる。行使型と解されてももっともなのは「容認する（concede）」、「催促する」、「論断する（argue）」、「言い張る（insist）」で、影響力や権限の行使を含む。拘束型と解されてももっともなのは「定義する」、「承諾する」、「受諾する（accept）」、「擁護する」、「〔意見などを〕支える」、「証言する（testify）」、「誓って言う（swear）」で、義務の引き受けを含む。態度型と解されてももっともなのは「異議を唱える」、「二の足を踏む（boggle at）」で、一定の態度をとることや感情の表明を含む。

では、お値打ち品として、この領域の拡がりを示すリストをいくらか提示しよう。最も中心的になるのは「言明する」、「断言する」、「否定する」、「強調する」、「例証する」、「答える」といった事例である。「質問する（question）」、「尋ねる」、「否定する」といったたぐいのものは膨大にあって、これらは当然、会話のやりとり〔のあり方〕を指し示すものであるように思えるが、ここではもはや必然的にそうだとまでは言えない。そして、すべてはもちろんコミュニケーションの場と関連するものである。

それでは、説明型のリストはこんな具合になる。(2)

1.
断言する（affirm）
否定する（deny）
言明する（state）
記述する（describe）
分類する（class）
同一視する（identify）

2.
所見を述べる（remark）
言及する（mention）
？〔言葉を〕さしはさむ（? interpose）

3.
知らせる（inform）
通知する（apprise）

伝える
(tell)
答える
(answer)
応答する
(rejoin)

3*a*. 尋ねる
(ask)

4. 証言する
(testify)
報告する
(report)
誓って言う[*17]
(swear)
推測する
(conjecture)
?疑う
(? doubt)
?知っている
(? know)
?信じる
(? believe)

5. 受諾する
(accept)
容認する
(concede)
取り消す
(withdraw)
同意を表する
(agree)
……に異議を唱える
(demur to)
……に反対を唱える
(object to)

……を堅持する (adhere to)

識別する (recognize)

拒絶する (repudiate)

5*a*. 訂正する (correct)

〔意見などを〕変更する (revise)

6. 仮定を設定する (postulate)

演繹する (deduce)

論断する (argue)

無視する (neglect)

?強調する (? emphasize)

7. ……から始める (begin by)

……の話題に移る (turn to)

……で締めくくる (conclude by)

7*a*. 解釈する (interpret)

区別する (distinguish)

分析する (analyse)

定義する (define)

7*b*. 例証する (illustrate)　　指示する (refer)
解説する (explain)　　〔……と〕呼ぶ (call)
系統だてて述べる (formulate)　　理解する (understand)

7*c*. ……のつもりで言う (mean)　　……とみなす (regard as)

以上をまとめると、こう言えるかもしれない。判定型は判定の行使であり、行使型は影響力の主張あるいは権限の行使であり、拘束型は義務の引き受けあるいは意図の宣言であり、態度型は態度の選択であり、説明型は言説や議論、コミュニケーションの明確化である。

例によって、十分な時間を残すことにしくじり、私が言ってきたことがなぜ興味深いと言えるのかを述べる余裕はなくなってしまった。そこで、一つだけ例を挙げよう。哲学者たちは「よい（good）」という言葉に長いこと興味をもってきたが、ごく最近になってようやく、私たちがそれをどう用いているのか、何をするためにそれを用いているのか、という線での考察を始めたのであった[*18]。そこで提案されてきたのは、たとえば、それは賛意を表明するために、褒めそやすために、あるいは格づけするために使われるのだ、といったことである。しかし、理想を言えば、次のことが成し遂げられないうちは、この「よい」という言葉について、そして私たちが何をするためにそれを用いるのかについて、本当に明確にできたとは言えないだろう。すなわち、褒めそやすことや格づけすること等々がそれぞれ区別された事例として含まれる、発語内行為の完全なリストを手にすること――そういう行為がどのくらいの数あり、それらの関係や相互の連関はどうなっているのかを知ること。そうしたら、それこそが、私たちが〔この講義で〕考察してきたある種の一般理論を可能なる適用へと展開させた一例になる。ほかにもたくさんの適用があることも疑いない。私はこの一般理論を哲学的問題で混乱させるのをわざと避けてきた（そういう問題のいくつかは、その名高さにほぼ十分に値する複雑さをそなえている）。だからといって私がそれらに気づいていないとは思わないでほしい。もちろんこの方針は、この講義を聴講して消化するには少々退屈で無味乾燥なものにしてしまった。考えたり書いたりする私にとっては、それよりずっと退屈で無味乾燥なものだったのだが。本当のお楽しみは、これを哲学に適用してようやく始まる。*19

さて、この一連の講義で私は、とりたててしたかったというわけでもない二つのことをやってきた。それらは、すなわち、

(1) プログラムをつくり上げること、すなわち何かをすることというより、むしろ何がなされるべきかを言うこと、

(2) 講義をすること。

しかしながら、（1）にたいして、私はこう考えたい気持ちに大いになっている。自分は何か個別のマニフェストを宣言したのではなく、哲学のある部分ですでに動き始め、いや増す勢いで動き続けている道筋を、いくぶんかなりとも選り分けることをしてきたのだ、と。そして、（2）にたいして、私はこう言いたい気持ちに確実になっている。私にとって、ここハーヴァード以上に講義をするのに素敵な場所はありえない、と。

原注

（1）どうして一〇〇〇と言わず、こういう表現を使うのか。第一に、見た目が印象的かつ科学的になるから。第二に、こう言えば一〇〇〇から九九九九までカバーできるから——十分余裕のある幅だ。一方、一〇〇〇の桁と言うのでは「およそ一〇〇〇」ととられてしまうかもしれない——それだと余裕がなさすぎる。

（2）［オースティンによるレイアウトと番号づけは、ここでそのまま再現してある〔訳注：原文はもちろん横組みなので、まったくそのとおりではないが、二段組みは踏襲した〕。グループ分けの全般的な趣旨は明白だが、しかし現存する原稿には明確な説明は何もない。疑問符はオースティンによるもの。J・O・U］

訳注

＊1　第二版では、この文は「もしこれらの概念が健全なものだとして」に変更されている。

＊2　第二版では、この文は以下のものに差し替えられている。「しかし、ここで私たちは、指示が断絶しているため私たちが「空虚」と呼んだ言明、たとえばジョンに子供はいないのに言われた「ジョンの子供はみんなハゲだ」という言明について、再考しなければならない」。

＊3　原語は、シェイクスピア『テンペスト』に由来する"sea-change". 第II講の訳注＊9を参照。

＊4　第二版では、この「より一般的な」は「非常に一般的な」と変更されている。

＊5　五グループを概説するこのくだりで例示されている動詞のうち、この「返答する」だけ後出のリストや例示に登場しないので、原語を入れておく。

＊6　describe は後出の説明型にも登場しており、そちらは問題なく「記述する」と訳せるが、判定型として挙げられているここではそぐわない。そこで、複数の辞書に載っている語義「評する」をあてた。

＊7　第二版では、この文は「判定型は真偽、正当性と非正当性、公正さと不公正さと、あきらかな関係をもつ」と変更されている。

＊8　クリケットの用語。投手が肘を曲げて投げるなどの反則があった場合、審判によってこれが宣言され、ペナルティーとして相手チームに一点が加えられる。

＊9　第二版では、このあとに次のような一文が挿入されている。「そのような場合、話し手が「私は解釈しよう」と言うのももっともなことで、これは判定型か行使型かを判断する、かなりよいテストになる」。

＊10　第二版では、この文は次のように変更されている。「……といった行使型は、議論や会話のコンテクストで用いられた場合、説明型とみなされるかもしれない」。

＊11　「決意している」は言語行為ではなく内心の状態だろう、と思われるかもしれないが、これが発語内行為のリストであると同時に遂行的動詞のリストでもある点に留意すれば、いちおうは納得できる（本講二三二頁。もちろん、両方の観点が混在している、という方向の批判もありうるが）。つまり、「私は……と決意している」と口に出して言う場面を思い浮かべれば、それが拘束型の発語内行為になることは十分

にありうることがわかる。以下、とりわけこの拘束型、および後出の態度型のリストで、この種の事例が頻出する。

*12 第二版では、「そして「たぶん……しようと約束する」」は削除されている。

*13 意味が真逆のこの言葉がここに入っているのは不可解である。強引に理解を試みるなら、憤慨は裏を返せばその反対のことへの支持である、ということなのかもしれない。本文中でも、いちおうその線に沿って補足を入れておいた。

*14 第二版では、このあとに次のように加筆されている。「たとえば、話し手がこれからすることではなく、すでにしたことについて言葉を与えるときのように」。ちなみに、こうなると「約束すること」が合わない感じになるが、「確かにやっておいた、約束する」のような（「確言する」や「保証する」に近い）用法を思い浮かべればよいかもしれない。

*15 ただし、「催促する」、「言い張る」、「承諾する」、「維持する」、「支える」、「二の足を踏む」は、後出の説明型のリストには登場しない。

*16 以下で列挙されている事例のうち、原語を入れていないものは本講既出のもので、先行する各グループのリストやその後の説明のなかで挙げられている。ただし、「容認する（concede）」と「誓って言う（swear）」は既出ではあるけれども説明型としては違う訳語をあてたので（次注を参照されたい）原語を入れてある。また、「異議を唱える」は既出では態度型ではなく行使型として挙げられていて、ここでの説明とは食い違いがある。

*17 swear は拘束型として既出であり、そこでは「誓う」と訳したが、こちらは説明型ということなので、この訳語にした。以下、既出のものとしては「容認する（concede）」（行使型で「譲歩する」として既出）、「取り消す」（行使型で既出）、「同意を表する」（拘束型で既出）、「……に異議を唱える（demur to）」（行使型で「異議を唱える（demur）」として既出）、「……に反対を唱える（object to）」（行使型で

「反対を唱える（object）」として既出）、「解釈する（interpret）」（判定型で「……だと解釈する（interpret as）」として既出）、「分析する」（判定型で既出）、「……のつもりで言う（mean）」（拘束型で「……するつもりである（mean to）」として既出）、「理解する」（判定型で既出）がある。concede と mean 以外については特段不自然ではないので、既出の別グループのものと同じ訳語をあてた。

＊18　たとえば、オースティンのオックスフォードでの同僚ヘアは、この時点ですでに「よい」、「べき」、「正しい」といった道徳用語の第一次的な役目は（広いいみでの）「指令」を行うことであるとする「指令主義」の倫理学を提唱していた。そこでは、次のように、ここでのオースティンの見立てとほぼ重なる指針表明がなされている。「以上は、「よい」という語を使用する多くの仕方のうちのいくつかである。〔…〕価値語の論理の理解に十分達するためには、私たちが価値語を使っている仕方に、たえず鋭敏に注意していくことによるほかはないのである」（R・M・ヘア『道徳の言語』小泉仰・大久保正健訳、勁草書房（双書プロブレーマタ）、一九八二年、一六六頁）。

＊19　第二版では、この文は次のように変更されている。「そのうえ、私はこれを哲学に適用するという本当のお楽しみを、読者の皆さんに残していく」。

補　遺

聴講者たちによる複数の講義ノート、活字化されて『論文集成』[*1]に収録された遂行体についてのBBCの放送講義、ロワイヨモンで発表された論文「遂行的‐確認的」[*2]、一九五九年一〇月にゴセンバーグで行われた講義のテープ録音。これらの資料の主な役割は、オースティン本人によるノート群にもとづいてまずは独立して再構成されたテキストをチェックすることであった。オースティン自身のノートはこれら二次的ソースのどれよりもずっと充実していることがわかり、資料からの補足はほとんどすべての点で必要なかった。〔とはいえ〕いくつかの特徴的な事例がそれらから加えられ、またオースティン自身のノートではきちんとした文章になっていない箇所について、いくつかの特徴的な表現が加えられた。二次的ソースの主な価値は、オースティンのノートが断片的になっている部分について、順序や解釈をチェックすることにあった。

以下、補遺として、オースティンのテキストへの付け加え、およびその再構成が行われた箇所について、より重要なものをリストアップする。[*3]

〔二一頁、一八行目以下。オースティンのノートでは「私たちの必要に」で終わる行のあとに一行挿入されていて、それは次のように読める。「ある仕方で、一定のケースで私たちが欲するものについて、少なくとも注意を特別に向けること」。〕

〔二三頁、一〇—一一行目。余白に書き込みがされていて、次のように読める。「「言葉を発すること」は、ともあれそれほど単純な概念ではない！」〕

五三頁。ジョージの事例は、ノートでは不完全。テキストは主にＢＢＣのヴァージョンに依拠した。

〔五五頁。別のノートのなかでポイント（１）に加筆されていて、次のように読める。「「僕は参加している」のような、自分自身を手順のもとに置くための手順であっても、それでもなおすべてを却下することが可能かもしれない」。〕

五九頁。六行目からその段落の末尾までは、きわめて簡潔なノートから編集上、拡充したものである。

六一頁。一一行目からこの第Ⅲ講末尾の段落の前のところまでは、すべてオースティンによる別々の日付のノートにある複数の不完全なヴァージョンから組み立てられたものである。

〔七三頁。五行目の余白に書き込み、次のように読める。「ここでは「思考」に制限？」〕

〔七六頁。一六行目あたりの余白に書き込み、次のように読める。「ひょっとすると、ここでの「道徳的」義務Xは、「厳格な」義務に分類できるかもしれない。しかし、では脅すこ

ともそう呼ばれないのは、どうなっているのか！」〕

〔八六頁。三行目の余白に書き込み、次のように読める。

言うこと、前提する

言っているということが発話的に含意する

あなたが言ったことが論理的に含意する〕

八六頁。最後の段落は、主にジョージ・ピッチャー氏のノートにもとづいてオースティンのノートを拡充したものである。

一〇三頁。この〔一二行目〕あたりからこの第Ⅴ講末尾までのテキストは、一九五五年以前のオースティンの二組のノートを合体させたもの。一九五五年のノートのこの箇所は、断片的な状態である。

一一三頁。〔一二行目の〕「こうして私たちは」からその段落の最後までは、以下のように読めるオースティンのノートを、推測を交えつつ拡充したものである。「こうして、私たちは「それはいかに理解されるべきか」と「はっきりさせる」を使用する（さらに、ひょっとすると「ことを言明する」も）。しかし、真または偽ではなく、記述もしくは報告でもない」。

〔一一六頁。一一行目あたりの余白に書き込み、以下のように読める。「言語進化の基準が必要」。〕

〔一一六頁。「さらに言うなら……」で始まる段落の余白に書き込み、次のように読める。

「?·ミスリーディング。それが、まさにその装置、比較せよ、精密さ」。〕

〔一四三頁。一〇行目の余白に書き込み、次のように読める。「そして、非明示的なものもそうである」。〕

一四六頁。オースティンのノートでは、第Ⅶ講は〔このように〕ここで終わっている。ハーヴァードでとられた〔聴講者の〕ノートによれば、次の第Ⅷ講の最初の部分は第Ⅶ講に組み込まれていたようである。

〔一五〇頁。一四―一七行目あたりの余白に書き込み、次のように読める。「言った＝主張した　言明した」。〕

〔一六〇頁。五行目あたりの余白に一九五八年の日付つきの書き込み、次のように読める。

メモ：（1）これはすべて不明瞭！　区別など。

（2）そして、すべてのいみで関連する（（A）、そして（B）*X*（C））すべての発話は遂行的ではないか?〕

一六二頁。一六行目の「発話的な含意と同様、」は、ピッチャーのノートにもとづくもの。オースティンのものは「あるいは「発話的に含意する」、それは同じ?」となっている。

一六三頁。（5）の段落は、聴講者のノートにもとづいて拡充されたもの。最初の文のみ、オースティンのノートにある。[*4]

一六五頁。四行目からこの段落の最後までは、二次的ソースにもとづいて加えられた。オースティンのノートにはない。

一七八、一七九頁。(1)、(2) における実例は、ピッチャーのノートから加えられた。

一八〇頁。「以上のように……」で始まる段落は、ピッチャーのノートから加えられた。

一九一頁。四行目の「何が言われたかを……」からこの段落の末尾までは、ピッチャーのノートから加えられた。

一九四頁。〔一二行目の〕「冷やしたインク《アイスト・インク》」の例は、オースティンの教え子のあいだでは有名だったものだが、ノートにはない。多くの二次的ソースにもとづいて加えられた。

一九五頁。六—九行目は、オースティンのノートにはない。文章は、主にピッチャーにもとづく。*5

二〇二、二〇三頁。(*a*) と (*b*) は、二次的ソースにもとづいて、きわめて簡潔なノートを拡充したものである。

〔二二五頁。〔一五行目の〕「契約というものは……」で始まる一文は、ノートでは文字どおりには次のように読める。「契約というものはしばしば、それが関わる対象が存在しないという理由で空虚〔無効〕になる——指示の断絶〔完全なる曖昧さ、あるいは非存在〕」。〕

〔二二六頁。ノートでは、最初の段落の最後の文の前に次のようにある。

(注意せよ。言ったのであり、もちろん言明は けっして《ネヴァー》していない
していない《ノット》)(また、「言った」には曖昧さがある)〕

二二三頁。「第三に……」で始まる段落は、ピッチャーとデモス両氏のノートにもとづいて拡充された。

〔二二五頁。手稿では、六行目の「正しく（right to）」の上に「……において正しかった（were right in）」と書かれているが、“right to”は削除されていない。〕

〔二四二頁。判定型との比較のところの余白に、次のように読めるメモ書きがある。「宣戦布告する、終戦を宣する、戦争状態にあることを宣言する、と比較せよ」。〕

〔二四五頁。「十中八九……しよう」で終わる段落のあとに、「たぶん……しようと約束する」と読めるメモ書きがある。私たちは、これを許容できる用法の事例とする意図はオースティンにはなかったものと推測する。[*6]〕

〔二四九頁。「6」の「祝して乾杯する」と「祝杯をあげる」のそばに、次のように読めるメモ。「あるいは、行為を言葉に合わせること」。〕

二五四頁。「例によって、十分な時間を……」から最後まではオースティンのノートの拡充で、一部はオースティンによる別の短い手稿ノートにもとづき、加えて聴講者のノートによって確認された。

J・O・U[*7]

訳注

＊1　原文は *Collected Papers* になっているが、これは本書の前年（一九六一年）に刊行された *Philosophical Papers*（「編者まえがき」の訳注＊1を参照）のこと。活字化されて収録された講義のタイトルは“Performative Utterances”（邦題「行為遂行的発言」）。

＊2　一九五八年三月にフランスのロワイヨモンに英仏の哲学者が集まって合同学会が開かれた。イギリス（英語圏）側からはオースティンのほか、エアー、ライル、ストローソン、クワインらが、フランス側からはメルロ＝ポンティ、ヴァールらが参加。「英語圏哲学と大陸哲学の橋渡しの試み」としてよく言及されるが、噛み合わない議論も目立ち、両陣営の溝を際立たせたイベントだったとも（一般には）されている。オースティンが発表した論文のオリジナルはフランス語だが（原題は“Performatif-Constatif”）、その英訳“Performative-Constative”は、たとえば *Philosophy and Ordinary Language*, edited by Charles E. Caton, Urbana: University of Illinois Press, 1963 に、発表後の質疑応答も含めて収録されている。また、発表部分のみの邦訳（英訳からの訳）として、「遂行的発語と叙述的発語」森匡史訳、竹市明弘編『分析哲学の根本問題』晃洋書房（現代哲学の根本問題）、一九八五年がある。

＊3　以下のリストについては、第二版で大幅な追加が行われている。本文のようにいちいち番号づけして訳注に飛んでもらうのも煩雑なので、〔　〕に入れてリスト本文に挿入する。以下、〔　〕内のものは第二版からの引用であることをご理解いただきたい。

＊4　第二版では、この項目は削除されている。

＊5　この項目も、第二版では削除されている。

＊6　という編者の判断があって、該当箇所の訳注で示したように、第二版では「たぶん……しようと約束する」は削除されたものと思われる。第一版を底本とする本訳では、該当段落は「「たぶん……しようと約束する」で終わる段落」ということになる。

＊7　第二版では、ここに「M・S」のイニシャルが加えられている。第二版で編者に加わり、オースティンのノートを洗い直して校訂作業を行ったマリナ・スビサのこと。スビサは、イタリア出身の哲学者で、現在トリエステ大学教授。

訳者解説

長いあいだオースティンの写真は、二枚しか知らなかった。

一枚は、正面を向いた証明写真ふうのもの。オースティンの風貌といえば、たぶんこれがいちばん知られているものだろう。彼の論文を集成した *Philosophical Papers* の現行第三版（一九七九年）の表紙にもなっているし、ネットで画像検索をしても最初に、そして最もふんだんに出てくる。

私が最初に出会ったのも、この写真だった。たぶん大学院の修士課程に進んだ年のことだったろう。取り寄せてみた大部の論集 *Symposium on J. L. Austin* という本の表紙を開くと、冒頭の口絵として大きく鮮明に印刷されたこの写真が目に飛び込んできた。そのときの軽い驚きをともなう印象は、いまもはっきりと思い出すことができる。

軽い驚きというのは、「あ、こんなカジュアルな感じの人なんだ」という驚きである。表情からしてカジュアルだ。*Papers* の表紙ではわかりにくいけれど、より鮮明な *Symposium* のほうを見れば、彼ははっきりと微笑んでいる。セルフレームの眼鏡は丸みを帯びて、ユーモラスな風味を表情に添える。顔の肉付きはずいぶんと引き締まっていて、全体にも痩身であることが想像される。額は非常に広く、ほぼ頭頂部まで額である。キャプションには「一

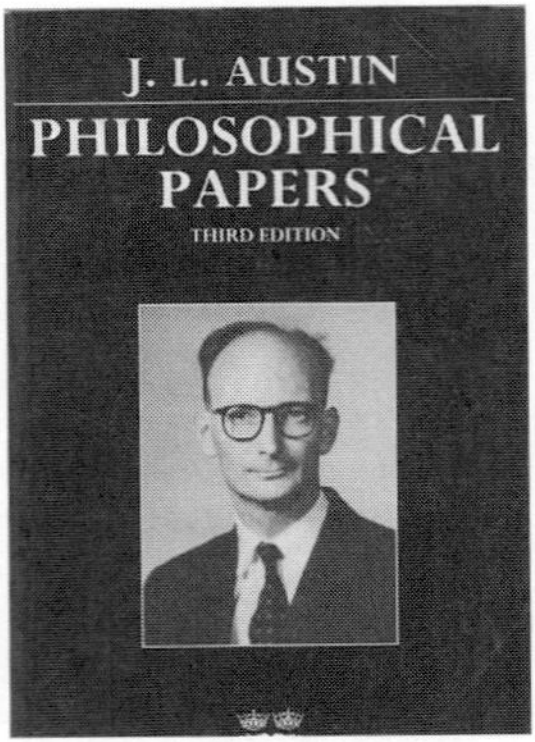

九五一年」とあるから、三九歳か四〇歳のときの写真、失礼ながら若ハゲ気味、と言っていいだろう。服装はスーツにネクタイときちんとしているが、堅苦しい印象はなく、むしろスマートにこなれた感じ。眼鏡も含めて、印象は総じて「お洒落」である。哲学者の風貌を見てそんなふうに感じることなどあまりなかったので、その点でも印象的だった。ただし、唇の左端にややひきつり気味の皺が寄せられていて、それが風貌に少しだけ皮肉の気味を与えているようにも思う。

もう一枚は、うつむいてパイプに火をつけている横顔をとらえた写真。初めて見たのは、何かの雑誌に載った小さく不鮮明な印刷で、素人写真だと思っていたのだが、今回ネットで調べてみると、じつはジョージ・ダグラスという写真家の作品であった。ダグラスは二〇世紀なかばに英米で活躍した写真家で、日常を切り取る作品も、ハリウッドスターや作家など

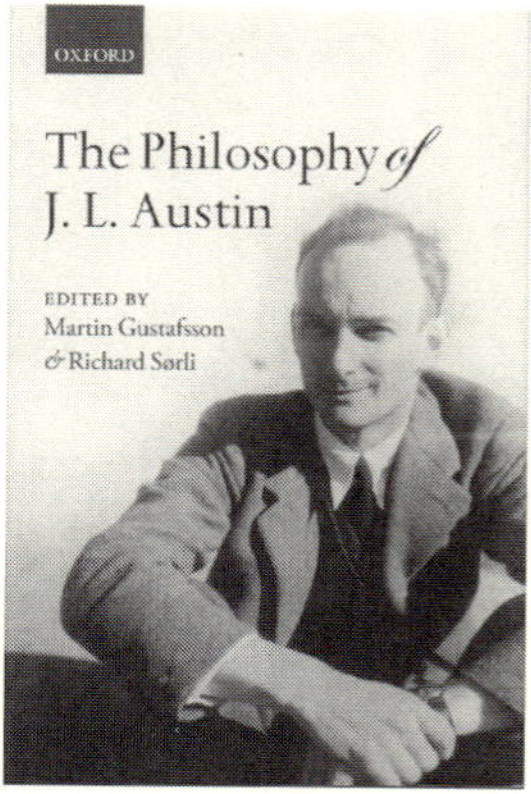

の有名人のポートレートも、たくさん撮影している。オースティンの姿はじつはもっと大きな構図からトリミングされたもので、それを見ると、何かの会合で談論の輪のなかにいることがわかる。ダグラスが撮影したのは時代の日常のひとこまとしてだったのか、アカデミックな世界の「セレブ」たちの姿としてだったのか。ともあれ、ここでのオースティンもストライプのスーツでシャープに決めている。

というわけで、私にとってのオースティンのイメージ――風貌のそれだけでなく、洒脱、ユーモア、皮肉といった、彼のテキストとも絡み合うイメージ――は、この二枚の写真に大きく影響されてきたのだが、最近一度も見たことのない写真に遭遇し、またしても軽めに驚くことになった。オースティン生誕一〇〇年に出された論集 *The Philosophy of J. L. Austin* のカバーである。こちらはオースティンの子供が撮影した写真で、クレジットによると一九五八年のもの。つまり、四六歳か四七歳の彼をとらえた写真だが、何が驚きかといえば、その若々しさである。さきの四〇歳ころの写真に比べても、ずっと若い印象である。眼鏡をかけていないこともあって風貌はシャープさが際立ち、微笑んではいるが今回は不敵な笑みという感じ。唇の左端がひきつり気味になる特徴は変わらず、不敵さを強調している。帽子でもかぶれば、当時の若者の肖像と言っても通るかもしれない。本書で再現されたウィリアム・ジェイムズ講義から三年、そして肺癌による早世まであと二年。そういうタイミングで撮られたこの写真は、若くアグレッシヴなオースティン、というまたニュアンスの異なるイメージを与えてくれるように思う。

解説文の冒頭にこんな話をもってきたのには、二つの理由がある。まずは、単純にオースティンの風貌を紹介したかったのが第一の理由。哲学全般に言えることかもしれないが、とりわけオースティンのテキストは、随所に当人の「人物」が強くにじみ出ていて、しかもそれが内容とさまざまに絡み合っている。講義のためのノートがもとになっている（そして、「補遺」によれば、講義の再現という性格もいくぶんもつ）本書はとりわけそうで、演壇に立つオースティンの姿をイメージすることは、この少々（きわめて？）読みにくいテキストを読み進めていただくうえで助けになるのでは、と思う。

そして、この翻訳を通して本書についてのイメージも変わった、という話の枕にしたかったというのが、第二の理由である。本書にまつわる従来のイメージ、一般に共有されている理解の仕方は、おおむね以下のようなものだろう。まず、本書は「言語行為論（speech act theory）」を創設した記念碑的著作であり、したがってテーマはもちろん言語行為の理論を提示することにある。そして、この言語行為の理論こそ、もっぱら破壊的な議論にいそしんできたオースティンが構築へと転じ、未完に終わったものの自身の哲学の到達点としてしるしづけたものである。——どれも間違いとまでは思わない。しかし、本書の成り立ちや中身にあらためてまなざしをそそぐと、オースティンの新しい写真が与えてくれたような、ちょっと異なるイメージが浮かび上がってくるようにも思えるのである。そんなことも気にかけつつ、以下、オースティンという人物や本書の内容について、解説のようなものを綴っていこうと思う。

一　J・L・オースティン、一九一一—一九六〇

オースティンは、一九一一年三月二六日に生まれ、一九六〇年二月八日に死んだ。フルネームは、ジョン・ラングショー・オースティン（John Langshaw Austin）。やがて三男二女となるきょうだいの次男として、イングランド北西部の街ランカスターに生まれた。父ジェフリー・ラングショー・オースティンは当時、父親（つまりジョンの祖父）が経営する建設会社で設計技師をしていた。ランカスターの教会や公共建築を広く手がける会社だったというから、裕福な経営者の家系だったのでは、と想像される。しかし、どういう事情からか、ジェフリーは第一次大戦から復員すると一家を連れてスコットランドのセントアンドリューズに転居し、当地の女子パブリックスクールであるセントレナーズ校の総主事になる。この一九二一年以降、オースティンはゴルフと大学で有名な北の小都会で、少年時代の残りを過ごした。

短い少年時代に、イギリスの人文系エリートとしての順調な歩みが続く。一三歳でイング

ランド中西部の名門パブリックスクールであるシュルーズベリー校に、一八歳でオックスフォード大学ベリオール・カレッジに進学。どちらも古典の奨学金を得てのものだった。ギリシア語、ラテン語、仏独その他の外国語、クリケットや「ファイブズ」（「素手でやるスカッシュ」のような競技だそうだ）などのスポーツ、ヴァイオリン演奏、そして演劇。文武両道の優等生である。演劇については、学生劇団「ベリオール・プレイヤーズ」に所属し、俳優として古典劇に出演している（エウリピデス『レソス』で女神アテナを演じるなど、意外にも「女形」だった）。哲学に本格的に取り組み始めたのは二〇歳のころだったらしい。最も影響を受けた教師は、直観主義倫理学者で当時ホワイト記念道徳哲学教授（後年オースティンが就くポストだ）のハロルド・A・プリチャード。「約束する」ということに興味をもっていたプリチャードとのやりとりは、やがて芽生える「遂行的発話」のアイデアの一つの源泉になったと言われる。古典的なものでは、プラトン、アリストテレス、ライプニッツ、カントなどに取り組んだ。

一九三三年にオールソウルズ・カレッジのフェローシップを獲得、三五年にはモードリン・カレッジのフェローおよびチューターに。アカデミックキャリアは快調で、オースティンは若くして教える側にまわる。以降、一九四〇年に応召するまでの一九三〇年代（彼のほぼ二〇歳台後半）は哲学者としてのいわば助走期間と言えるが、しかしオースティンはすでにオースティンであった。哲学全般にたいするある種、突き放した姿勢、議論における細かさとしつこさ、そして独裁的とも言える仕切りぶり。カリスマ的な威圧感もある。信者を生み出すとともに、もちろん反感もしばしば買うこういう人物像は、このころから終生一貫している。若き教師オースティンが授業で学生を容赦なく追いつめる様子、同僚との議論でもしつこく他人の言を却下し続けて相手（この場合はアルフレッド・J・エアー）をすっかり怒らせてしまう様子などは、当時の同僚で、のちの高名な思想史家アイザイア・バーリンによって回想されている（"Austin and the Early Beginnings of Oxford Philosophy"）。とはいえ、この時期のオースティンは、もっぱら他人の説を壊滅に追い込むような議論を繰り広げるばかりで、自身の積極的な説を語ることはなかった。これまたオースティンのイメージにつきまとう「破壊性」である。彼はやがて本書に結実するような構築的な議論も行うようになるけれど、しかし次節で見るように、そういうものにも随所に破壊的な――しばしば自己破壊的な――局面が織り込まれる。破壊や解体といったものもまた、オースティンに終生ついてまわることになった。

一九三九年にようやく初の公刊論文「アプリオリな概念は存在するか」を発表するものの、時代はすでに戦争の季節に入っていた。この世代の多くの人びとと同様に、オースティンの本業も軍務によって長く中断される。一九四〇年七月に召集されたオースティンは、若手エリート教員にふさわしかったであろう任務、すなわち情報将校として、ロンドンの軍諜報部に勤務する。情報分析チームのリーダーとして任務にあたり（そこでも案の定、カリスマ的リーダーとして君臨する）、ドイツ軍の防衛体制の分析でノルマンディー上陸作戦に貢献するなどの活躍を見せた。対独戦が終わった一九四五年五月には、降伏交渉の舞台となったランスにいたという。中佐に昇進していた彼は、同年九月に除隊、イギリスだけでなく、アメリカ、フランスからも勲章を受けた。

まる五年のブランクは大きい。しかし、この軍務時代に彼は二つのものを得た。一つは、家族。一九四一年に教え子のジーン・クーツと結婚し、やがて二女二男の子供たちにも恵まれた。彼の穏やかな家庭生活ぶりは、たとえばオースティンを慕ってアメリカからオックスフォードに渡ったジョージ・ピッチャーが伝えている（"Austin: a personal memoir"）。もう一つは、哲学のスタイル。こちらはあくまで「一説」にすぎないけれど、オースティン独特の「集団作業」的スタイルには軍での情報分析活動の痕跡が見られるという（たとえば、ウォーノックの"John Langshaw Austin: A Biographical Sketch"）。一方に、各方面から入ってくる大量かつばらばらな情報をチームで仕分け、分析し、ドイツ軍の防衛体制などの絵柄を描く作業。そして他方に、哲学的概念にまつわる単語や言いまわしをチームで収集して比較考量し、哲学問題に斬り込む作業。確かに、後者には前者の影が感じられる。オースティンは軍での情報分析を哲学に適用したのだ、といった強い主張まで立証できるとは思わないが……。

ともあれ、彼に残された年月は、この時点でわずか一五年。当時の当人にそんなことは知るよしもないが、しかしこの最後の一五年間、とりわけ一九五〇年代の一〇年間には、それを見越したかのような凝縮感がある。それゆえ、しばし年表をひとつなぎにしたような調子になってしまうが、とにかく大急ぎで見てみよう。

復員翌年の一九四六年、第二論文「他人の心」発表。「オースティン哲学」の出発点と言えるこの論文には、「遂行的発話」という言葉はまだ見られないものの、「私は約束する（I promise）」の遂行的な性格を軸とする議論が含まれ、また「記述的誤謬」の文言が登場するなど、本書に結実する思考がすでに一定程度、進展していたことが見て取れる。次いで一九四七年には、知覚論をテーマとする講義を開始。翌年から「センスとセンシビリア」と名づけられるこの講義は、以降一二年間にわたって何度も行われて発展し、本書と同様、その講義ノートは没後に単行書（*Sense and Sensibilia*）として公刊される。

そして、オースティン最後の一〇年間であるとともに、「オックスフォード日常言語哲学」の短い全盛期ともなる一九五〇年代がやって来る。第三論文「真理」で、ついに「遂行的発話」という文言を――まだ“performative”ではなく“performatory utterance”だったが――登場させたオースティンは、このころから本書に結実する、つまりより直接的には五年後のウィリアム・ジェイムズ講義（以下「ジェイムズ講義」）に結実する一連のノートを書き始める。オックスフォードのさまざまなカレッジに所属する若手哲学者を集めた研究会「サタデー・モーニングズ」を主催し始めたのも、同じ一九五〇年ころのことである。日常言語の微細な襞を仕分けることを通じて哲学的問題に迫る、という方法論を共有する彼らの動きは、オックスフォードで哲学の革命が起こっている、というイメージを醸成していく。オースティンのカリスマ性――周囲にいた人びとは「自然な威信」や「人格的な威信」という言葉で回想している――はいよいよあきらかで、オックスフォード哲学の「重力の中心」（ウォーノック、前掲論文）と言うべき存在になっていく。

そういう人物は、実務面でも見過ごしにされない。オースティンは、一九五二年にホワイト記念道徳哲学教授になってコーパスクリスティ・カレッジに移り、同年、大学出版局の代表にもなる。四一歳の若さで、そして既発表論文わずか三本で――ただし、彼は自分の著作の少なさを終生気にしていた、という証言もある――当時オックスフォード全体で三つしかなかった哲学正教授のポストに就いたのである。出版局の仕事では、ロンドンやニューヨークのオフィスや印刷現場に顔を出し、出版企画にも意欲的だった――哲学書や辞書だけでなく、児童書出版などにも力を入れた――というから、出版ビジネスにも本気で取り組んでいた。そして、この年、いよいよ講義「言葉と行い」がオックスフォードで開始される。

そこからジェイムズ講義にたどりつくなりゆきは、ノートの発展という形で本書の「編者まえがき」がコンパクトに語ってくれている。「言語行為」の文言が現れる第四論文「語る、とはいかなることか」（一九五三年）などをはさんで、一九五五年二月、オースティンはハーヴァード大学を訪れる。三ヵ月にわたる滞在は、ジェイムズ講義のほかに、ハーヴァード版の「サタデー・モーニングズ」（話題は知覚論など）を開いたり、「弁解」をテーマにしたセミナーを行ったりと、彼のいわば持ち札をさまざまに披露するものになった。

この時点で残された時間は五年。短いようだが、オースティンの生涯からすると、そうでもない。復員以降の年月の三分の一を占め、最盛期を一九五〇年代の一〇年間とすると、残りまだ半分もある。そこからすると、ジェイムズ講義は、そしてそこで語られたとされる「言語行為論」は、オースティンの到達点というより、むしろ折り返し地点であるかのようにも思えてくる。では、折り返しての最後の復路で、彼は何をしていたのか。

まずは論文。「弁解のための抗弁」（一九五六年。邦訳でのタイトルは「弁解の弁」）、「「もし」と「できる」」（同年）、「ふりをすること」（一九五八年）の三篇が発表されている。オースティンが生前公刊した著作は結局、以上計七編の論文のみに終わった。なかでも内容明晰で、自身の方法論の率直な開陳も含まれる「弁解のための抗弁」は、玄人筋ではしばしば本書以上に評価される「代表作」である。この奇妙なタイトル（原題は“A Plea for Excuses”）の論文で彼が何を論じているかといえば、行為である。私たちは自分の行いが非難されたりすると、さまざまな弁解（あるいは弁明や正当化）を行うが、それは行為が陥りうるさまざまなイレギュラーさ（強制されたとか、やむをえないものだったとか）を映し出すものであり、ひいては正常な行為のありようを裏側から照らすものなのだ、という趣旨である。本書前半の「不適切さの理論」とほぼパラレルな狙いだが、しかしここでのオースティンは「自由」や「責任」といった哲学・倫理学の王道テーマへのアクセスを、より明示的に語っている。残る二つの論文も、それぞれのやはり奇妙なタイトルが示すように、独特の角度から行為、自由、意図といった問題に斬り込むものである。

では、「言語行為論」はどうなったか。のちに活字になったものとして、二つのスピーチがある。一九五六年のＢＢＣ放送講義「遂行的発話」（邦訳でのタイトルは「行為遂行的発言」）と、五八年三月にフランス・パリ近郊のロワイヨモンで行われた英仏合同学会における講演「遂行的‐確認的」である。しかし、いずれも——後者で「不適切さの理論」に若干の改訂が見られはするが——ジェイムズ講義の、しかもその前半部分を中心としたダイジェストである。これはちょっと意外なことだ。なぜなら、言語行為論の観点からすると、前半の「遂行的 - 確認的」の区別はいわば捨て石であり、後半の「発語内行為／発語内の力」を軸とする議論こそが本筋であるはずなのだから。オースティンの言語行為の哲学は停滞していたのか、あるいは関心が薄れつつあったのか。「彼は理論の完成を目指していたが、残された時間がなかった」という理解がよくなされる一方で、最後の五年間は行為の哲学に移行し、言語行為の理論は一九五五年の段階で放置された、という見方もある（たとえば、本書の原書第二版で編者に加わったマリナ・スビサの“Austin on Language and Action”）。確かに、最晩年の活動を見るかぎり、従来のイメージとは異なる、こうした「オースティンの顔」にも一定程度の納得感があるだろう。

　そして、この件は、本書に結実したオースティンの思考はそもそも「言語行為の理論」を構想したものだったのか、という問い直しにもつながる。それについては本書の内容を概観する次節にまわし、いまは大急ぎで伝記を締めくくろう。一九五八年の秋学期には、カリフォルニア大学バークレー校に滞在して講義やセミナーを行い——オースティンはバークレーへの転任を誘われ、大きく心が傾いたが、結局は辞退した——、翌年秋には北欧の諸大学を講演してまわるなど、精力的な活動が続く。しかし、すべては病いによって中断される。一九五九年一二月、彼は肺癌の診断を受けた。そこから亡くなるまでわずか二ヵ月だから、かなり進行した状態だったのだろう。一九六〇年二月八日、四八歳で死去。このあまりにも区切りのよすぎるタイミングでの早世は、「日常言語の哲学」を一九五〇年代のオックスフォードという限られた時空に封じ込めるものともなった。しかし、生前かなわなかった著書の刊行は、すぐに実現する。翌一九六一年には論文を集成した *Philosophical Papers*（邦題『オースティン哲学論文集』）が、六二年には講義ノートをもとにした *Sense and Sensibilia*（邦題『知覚の言語』）と本書の原書が刊行され、いまも私たちに彼の哲学と人物の息づかいを伝えることとなった。

オースティンは、死の床で妹アンにこう言ったという、「僕は自分の能力を哲学よりもっと実際的なことに使うべきだったと思う」（"Remembering J. L. Austin"）。若いころには同僚のバーリンに、古典ではなくエンジニアか建築家になる勉強をすればよかった、とも語っている（バーリン、前掲論文）。軍務や大学行政での活躍を見れば、実務家としての才能は疑いない。それでも彼は哲学を遂行した。たとえばウィトゲンシュタインのような人を、ある種のリスペクトも込めつつ「哲学病」と呼ぶことがあるが、実務家気質の人間がそれでも哲学に、しかもある種、強引とも思える実務的な手つきで取り組んだオースティンの場合は、かえってより屈折度の高い哲学病とも言えるような気もする。

二　本書でオースティンは何を行ったのか

当時大学院生としてハーヴァードにいたスタンリー・カヴェルの回想によれば、ジェイムズ講義には当初数百人の聴講者がいたが、回を追うごとにみるみる減って、最後は二〇分の一も残っていなかったという。そして、残った少数の人びとにも、ここで何か決定的に重要なことが起こっていることなどわかりようもなかった、とも（*Little Did I Know*）。すでに本文をお読みいただいたかたなら、さもありなんと思われるのではないだろうか。えんえんと細部の接写を見させられ続けるような調子は、とりわけ講義として聞いたとしたら正直、退屈に違いない。本人からして、自虐的に「何ゆえこんなにもまわりくどいのか？」（第Ⅹ講）と言っているくらいだ。まあ「日常言語哲学」なんだから、こういう感じでしょう、と思ったとしても、本書にはさらに特有のわかりにくさがある。一二に分かれている「講」が「章」の役割をしばしば果たしていない、という問題である。

最も大きな構造なら、誰の目にもあきらかだろう。本書は大きく二つに分かれ、前半では「遂行的発話」が論じられ、後半では「発語内行為」を中心に言語行為の三層構造が論じられる。区切りはほぼ真ん中にあるから、あたかもアナログLPレコードのA面とB面のようである。では、きれいに「六曲」ずつ各面に収まっているかといえばそうではなく、境目は第Ⅶ講の後半で「新たなスタート」と言って唐突に現れる。内容の区切りと「講」の区切りがずれているのである。ほかにもあちこち、こういうずれは見られる。そこで、ここでは内容の区切りに即した章立てを、章タイトルを含めて（もちろん、たんなる一案、試みとして）立てつつ、本書の流れを概観してみよう。

序　哲学の革命（第Ⅰ講冒頭から一八頁一〇行目まで）

幕開けは「言明（statement）」への新たなまなざしが芽生えている状況の指摘である。そこから、旧来はびこってきた「記述的誤謬」が指摘されていること、哲学的問題にその観点から斬り込む「哲学における一つの革命」が起こりつつあることが語られる。「日常言語哲学の革命宣言」とも思える強気ぶりだが、では本書はその革命の遂行なのだろうか。

第1章　遂行的発話とその成立条件（第Ⅰ講一八頁一二行目から第Ⅱ講の最後まで）

前半の最重要概念「遂行的発話」が提示される。それは真または偽ではなく適切または不適切になることが示され、不適切さのパターンから遂行的発話が適切に成立するための六つの条件が導き出される。このように、遂行的発話の概念と、その成立条件という大きく二つの提案がなされているが、しかしこれはもうオースティンのほぼ習い性と言うべきか、そうした提案のあとにはたいていこと細かな、ときに自己批判的になり、ときに横道にそれる議論が続く。それが本書の読みにくさのもう一つの要因になってもいるのだが、ともあれここでは前者については（たとえば約束に関する）「内面的行為の記述」という見方への批判が、後者についてはこの六条件がそれほど十全なものではないという留保的な議論がなされる。ジャック・デリダによる批判で有名な「寄生的用法は除外する」云々のくだりも、後者の論脈で登場する。

第2章　六条件の検討（第Ⅲ講冒頭から第Ⅳ講の七七頁三行目まで）

遂行的発話の六つの成立条件が、A.1からΓ.2まで順に検討される。とりわけA.1とΓに関して詳細な検討がなされるが、例によって留保的、もしくは自己解体気味な議論である。明快な区別を立てると、次にみずからその境界を揺るがせ、ことによっては区別を崩壊させていく。本書はそういうパターンの反復から成っていて、それは最重要の区別——確認的／遂行的、そして言語行為の三層構造——についても同様である。「過度の単純化を何としても回避しなければならない」（六五頁）というスローガンは、自分が行っている単純化にたいしても、どこか嬉々として適用されていく。オースティンの不敵な笑みが思い起こされる。

第3章　解体への序曲（第Ⅳ講の七七頁四行目から第Ⅴ講の最後まで）

前半の残りは、遂行的／確認的の区別が解体に向かうプロセスである。ここでは、まず含意（論理的、発話的）や前提という現象を検討して遂行的発話と確認的発話のあいだにパラレルなありようが見出され、次いで遂行的発話の文法的基準について検討されて、明示的な遂行的発話という概念が提示される。これもまた、「私は……ことを言明する」といった発話を招き入れることで、遂行的／確認的の解体をにおわせるものである。

第4章　区別を宙づりにする（第Ⅵ講冒頭から第Ⅶ講の一四四頁一六行目まで）

遂行的／確認的の区別が留保——実質的にはほぼ解体——される運びとなる。明示的発話と黙示的発話の対比を軸としつつも、議論はあれこれ枝葉を伸ばしつつ進行し――オースティン流の言語進化仮説も現れる――、やがて遂行的／確認的のあいだには両義的、中間的あるいは移行的な事例が多々見られる、という論題に収斂する。こうして、決定的な論証というより、「これだけ問題があっては、このままでは維持しがたい」という調子で、区別は宙づりにされるのである。

第5章　言語行為の三層構造（第Ⅶ講の一四四頁一七行目から第Ⅷ講の最後まで）

「新たなスタート」が宣言され、言語行為の三層構造――発語行為、発語内行為、発語媒介行為――が提示される。事例を交えつつ順に説明が行われ、なかでも発語内行為を重視すべきことが宣言される。言語的意味と発語内の力の区別、発語内行為における慣習の本質性など、「言語行為論」の出発点となるコメントも現れる。と同時に、「行為が行為であるがゆえに」という枕詞のもと、行為一般としての観点があれこれ示唆されていることも重要だろう。

第6章　発語内行為と発語媒介行為（第Ⅸ講と第Ⅹ講）

発話それ自体において行われる発語内行為を、結果として行われる発語媒介行為から区別する。どこまでが当の行為そのものであり、どこからがその結果なのか、といった行為一般にも通じる議論などを経て、「において（in）」と「によって（by）」が現れる言いまわしの執拗な検討が続く。おそらく本書でいちばん読みにくい箇所だが、これぞ日常言語哲学、というインパクトもある。「において」なら発語内行為、「によって」なら発語媒介行為、と単純にはいかず、いろいろ条件がある、という指摘は、せっかく立てた新たな区別もまた揺さぶりをかけられる気配をはらむ。前半とは異なり、ここでは徹底的に追い込むところまではいかないが。

第7章　結　論（第XI講）

本編の結論部分。確認的発話の代表である言明も疑いなく発語内行為であることが結論され、唯一残る特別な性質と思われた「真／偽」もまた、言語行為を評価するさまざまな観点の一つとして位置づけられる。こうして、遂行的／確認的の区別は最終的に解体され、そのことで遂行的発話の遂行性はかえって強化されて、発話全般に拡張される。すべては言語行為なのである。

終　章　発語内の力のリスト（第XII講冒頭から二五四頁一二行目まで）

発語内の力の五分類が提案され、そのもとに具体例がリストアップされる。これは発語内行為、発語内の力のリストであると同時に、語彙としての遂行的動詞のリストでもある。リストだけでも約一九〇、説明中での例示を含めれば約二四〇の動詞（あるいは句動詞）が挙げられる。この五分類もまた、のちの「言語行為論」のなかで、さまざまに改訂ヴァージョンが提案されていく、その原点になったものである。

結　び　お楽しみはこれからだ（第Ⅻ講の二五四頁一三行目から最後まで）

実質的な結びの言葉は「本当のお楽しみは、これを哲学に適用してようやく始まる」。これは冒頭の革命宣言との対応関係で見るのがよいと思う。つまり、本書は哲学革命の遂行そのものではなく、革命のための地ならしの作業だったのである。

だいたい以上のような具合である。要約しつつも自分の見解をついにじませてしまったが、それは本解説の冒頭に述べた、実際に翻訳して見えてきた新たな相貌である。しかし、オースティンの言っていることを額面どおりに受け取れば、はなからそう受け取るほかなかったように思えるものでもある。つまり、本書でオースティンは、彼のいつもの哲学的営みである「言語的植物採集（linguistic botanizing）」を実践しているのである。

これはたくさんの証言によって伝えられている有名なもので、たとえば例の「サタデー・モーニングズ」でも、ときに（いつもではない）集団で行われていたという。何か論題が決まったら、まずは辞書を通覧するなどして、関連する語彙や成句をとにかくたくさん「採集」する。次に、それらを具体的な状況における具体的な発話にあてはめて、「どういうときに何を言うべきか（what we should say when）」（「弁解のための抗弁」）をあれこれ検討する。そして、そのうえで当の哲学的論題にあたるのである。たとえば「自由意志」という伝統的論題に取り組むとしたら、いきなり決定論などと対比させて大ぶりに論じるのではなく、まずは「自由に（freely）」や「自発的に（voluntarily）」といった語彙を採集し、それを具体的な発話状況にあてはめ……とやるわけである。

オースティンは、本書のある段階から「遂行的動詞のリストの作成」ということを言い出し（初出は、第Ⅵ講の一一〇頁）、以降ことあるごとに何度もしつこく繰り返す。今回の訳業を通して、私はこれはやはり額面どおりに受け取るのがよいのでは、と思うようになった。つまり、第Ⅻ講（先の要約では終章）は、一般論的な結論のあとに付された付録のようなものではなく、本書全体がその作成に向けて組み上げられていく目的そのものなのではないか。そう考えると、彼が本書でたとえば「において」や「によって」を組み込んだ発話フォーマットを執拗に検討していることも、ジェイムズ講義以降「言語行為論」を放置したかのように見えることも、ある程度、納得がいく。前者は遂行的動詞（発語内動詞）を「採集」する装置を整備する作業だったのであり、後者は彼の目的が言語行為の一般理論を構築することにはなかったことの現れである。発語内行為など、その後の言語行為論の中心的論題になったものも、ここではあくまで「発話において行われるさまざまな行為」を抽出し、採集するための概念装置だったのではないか。

もちろん、本書のテーマが言語行為にあることは間違いない。しかし、その重心は、言語行為一般の理論ではなく、個々の言語行為がどうなっているのか、そしてそれらは哲学の問題にどういう光をあてるのか、という探究のための準備作業にあった。もちろん、この「採集」は大づかみなものにすぎず、そこから論題に応じて、より特定的な動詞群が再採集され、関連する形容詞や副詞もピックアップされていくだろう。だとしたら、オースティンはすでに、そして引き続き、「知っている」（「他人の心」）や「弁解する」（「弁解のための抗弁」）の検討を通して――後者は本書のリストに登場しないが、言語行為ではあるはずだ――その先の本作業にも取りかかっていたのである。

三　それからと、これから

ただし、一方でオースティンは「包括的な「言語の科学」の誕生」（「「もし」と「できる」」）に想いをはせたりもしているから、以上のような理解も逆に一方的かもしれない。しかし、少なくとも本書を「言語行為論の原点」の一言でくくるだけでは、当人が目したことの一面、それも本筋ではないかもしれない一面にしか光をあてることにならない、とは言えるように思える。

もちろん、テキストがはらむ可能性というものは、しばしば書いた当人の思惑からずれた方向で開花する。本書もまさにそうで、オースティンが発案した、主に作業概念だったかもしれない枠組みは、それからすぐに言語行為の一般理論として発展し始め、「言語行為論」と呼びならわされる一群の営みへとつながっていった。

くわしく述べる紙幅はもうないが、そこではたとえば発語内行為は他の行為から本当に独立しているのか、言語的意味と発語内の力は区別できるのか、発語内行為はひとしなみに慣習的と言えるのか、発語内の力は本書のリストのように細かく確定的に分かれるものなのか、オースティンの五分類はどれほど適切か、といった、まさに一般理論的な論題がこと細かに議論され、批判や改訂があれこれなされて、理論としての精密化が進んできた。一人だけ具体名を挙げれば、やはりジョン・R・サールだろう。一九五〇年代の大半を留学生としてオースティンのもとで過ごしたアメリカ人サールは、やがて『言語行為』(一九六九年)や『表現と意味』(一九七九年)に結実する仕事を進め、オースティンを引き継ぐかのように見える論者となった。「構成的規則」や「適合方向」といった概念を使って発語内行為の成立条件や発語内の力の分類を理路整然と示していく彼の著述は、確かに「言語行為の標準理論」と感じさせるものである。しかし、同時にこの方向は「言語学化・語用論化」とでも言うべき気配を濃厚にはらむものでもある。一般理論としての言語行為論は、次第に哲学としての生気を失い、語用論的研究のなかに位置づけられることが多くなっていく。そういう系統の邦訳書では、speech act theory はしばしば「発話行為理論」などと訳され、まさに調査研究における基礎理論という扱いである。

一方、いわゆるポストモダン系の思想・批評の文脈でも、オースティンおよび本書は、よく取り上げられる存在になっていく。これには、ジャック・デリダのオースティン批判(カヴェルに言わせると「攻撃/オマージュ」)が大きな刺激になったのかもしれない。デリダは、論文「署名・出来事・コンテクスト」(一九七一年)で、オースティンがフィクションでの発話などを「寄生的」として除外したことを批判した（それをきっかけに、彼とサールのあいだで論文二往復くらいの「論争」も生じた）。と同時に、デリダは同論文でオースティンの「力」の概念にニーチェ的な気配も嗅ぎ取っていて、このあたりがおそらくオースティンがこの方面で「モテる」一因なのだろう。オースティンのテキストには政治や社会状況への直接の言及はほぼないが、しかし「力（force）」という概念には「権力（power）」や「暴力（violence）」に通じる面が確かにある。そして、「遂行的《パフォーマティヴ》」と「パフォーマンス」の近しさ。言説の権力性や暴力性、行為性に着目する「現代思想」的な文脈や、その影響下にある文学批評などで、オースティンは英米分析系の哲学者としてはおそらく異例なほど、よく言及される存在になっていく。ここでも一人だけ名前を挙げよう。アメリカのフェミニズム哲学者ジュディス・バトラーは、『触発する言葉』（一九九七年）で遂行的発話や発語内／発語媒介行為の概念を全面的に活用しつつ、ヘイトスピーチやポルノと検閲の問題を論じている。書名の副題からして、*A Politics of the Performative* すなわち「遂行体の政治学」である。体系的理論には直結しそうにない散発的な「援用」ではあるけれど、しかしあるいみで、この方面でこそ、オースティンの哲学としての活力は引き継がれているのかもしれない。

　その他、たとえば社会学や文化人類学など、さまざまな分野での展開や活用があるようだが、ともあれ、そういう状況を眺めつつ感じるのは、本書がすでに「古典」の領域に属する著作になったことである。脱領域的に活用されるのは古典の資格の一つだと思うが、それ以外に思いつくまま挙げれば、欠陥も含めて魅力になりうること、時代に応じてそのつど新しい意味を生み出していくこと、読み手それぞれの自由な読み方に開かれていること、といったところだろうか（ついでに言えば、複数の翻訳や判型が用意されていることも）。言語行為の一般理論であれ、特定の言語行為の探究であれ、本書はこれからもいろいろな場面で、いろいろな相貌を見せていくだろう。しかし、訳者として、いちばん望むのは、いっそ「哲学」も「学問」もとっぱらって、読者の皆さんが自由に本書を読み、それぞれの場で、それぞれの意味を生み出していってくれることである。

文献

オースティンの著書

Austin, J. L. 1961, *Philosophical Papers*, edited by J. O. Urmson and G. J. Warnock, Oxford: Clarendon Press.（J・O・アームソン＋G・J・ウォーノック編『オースティン哲学論文集』坂本百大監訳、勁草書房（双書プロブレーマタ）、一九九一年）

—— 1962a, *Sense and Sensibilia*, Reconstructed from the Manuscript Notes by G. J. Warnock, Oxford: Clarendon Press.（J・L・オースティン『知覚の言語——センスとセンシビリア』丹治信春・守屋唱進訳、勁草書房（双書プロブレーマタ）、一九八四年）

—— 1962b, *How to Do Things with Words*, The William James Lectures Delivered in Harvard University in 1955, edited by J. O. Urmson, Oxford: Clarendon Press.（本書。先行訳に、J・L・オースティン『言語と行為』坂本百大訳、大修館書店、一九七八年）

＊ *Philosophical Papers* には、本解説で言及したすべての論文と、その他、未発表論文や「遂行的発話」などの講演が収録されている。ただし、講演「確認的‐遂行的」は未収録（収録先については「補遺」の訳注＊2に記した）。また、現時点で *Philosophical Papers* は第三版、*How to Do Things with Words* は第二版まで刊行されている。

本解説での引用・言及文献

執筆に際してはたくさんの文献に助けられたが、長くなるので文中で引用もしくは言及したもののみ挙げる。

Berlin, Isaiah 1973, "Austin and the Early Beginnings of Oxford Philosophy", in Berlin, et al. 1973.
Berlin, Isaiah, et al. 1973, *Essays on J. L. Austin*, Oxford: Clarendon Press.
Butler, Judith 1997, *Excitable Speech: A Politics of the Performative*, New York: Routledge.（ジュディス・バトラー『触発する言葉——言語・権力・行為体』竹村和子訳、岩波書店（岩波人文書セレクション）、二〇一五年）

Cavell, Stanley 2010, *Little Did I Know: Excerpts from Memory*, Stanford: Stanford University Press.

Fann, K. T. (ed.) 1969, *Symposium on J. L. Austin*, London: Routledge & Kegan Paul.

Garvey, Brian (ed.) 2014, *J. L. Austin on Language*, Basingstoke: Palgrave Macmillan.

Gustafsson, Martin and Richard Sørli (eds.) 2011, *The Philosophy of J. L. Austin*, Oxford: Oxford University Press.

Lendrum, Ann 2014, "Remembering J. L. Austin", in Garvey (ed.) 2014.

Pitcher, G. 1973, "Austin : a personal memoir", in Berlin et. al. 1973.

Sbisà, Marina 2014, "Austin on Language and Action", in Garvey (ed.) 2014.

Searle, John R. 1969, *Speech Acts: An Essay in the Philosophy of Language*, Cambridge: Cambridge University Press.（J・R・サール『言語行為――言語哲学への試論』坂本百大・土屋俊訳、勁草書房（双書プロブレーマタ）、一九八六年）

―― 1979, *Expression and Meaning: Studies in the Theory of Speech Acts*, Cambridge: Cambridge University Press.（ジョン・R・サール『表現と意味――言語行為論研究』山田友幸監訳、誠信書房、二〇〇六年）

Warnock, G. J. 1963 (1969), "John Langshaw Austin: A Biographical Sketch", *Proceedings of the British Academy*, 49 (1963); reprinted in Fann (ed.) 1969.

デリダ、ジャック二〇〇八「署名　出来事　コンテクスト」、『哲学の余白』下、藤本一勇訳、法政大学出版局（叢書・ウニベルシタス）、二〇〇八年。

訳者あとがき

講談社の互盛央さんから「『言語と行為』の新訳を」というお話をいただいたとき、「では二年くらいをメドに」と言う互さんにたいし、私は「そんなにかからないと思います。休み二回（夏休みと春休み）をはさんで、まあ一年もあれば」と答えたのだった。原書は二〇〇頁に満たない分量だし、既訳でも原文でも何度も読んできた本だから、そんな呑気な返事になったのだが、しかし、いざ取り組んでみると、自分の見通しがいかに甘かったかをすぐに思い知ることになった。

とにかく半端でなくクセの強い、そしてところどころ雑だったり、不親切だったり、断片的だったりする英文である。ふつうなら三つくらいの文に分けるような内容が、長大な一文に、しかも分散して詰め込まれていたりもする。そんな、いくつもの絵柄がパズルのように入り組んだ英文を、頭を抱えながら解きほぐす作業をしていると、いったい自分はいままでオースティンの何を読んできたのか、あるいは、そもそも読んできたなんて言えるのか、という思いに駆られたりもした。「遂行的発話から発語内行為へ」といった大枠のストーリーに乗っかって、細部の入り組んだ隘路や袋小路は適当にやり過ごしてきたのが、これまでの自分の読み方だったのだろう。ともあれ、ほとんど毎頁ごとにある、そういう難所を何とかクリアして（クリアできていることを祈る！）、このあとがき執筆までたどりついたら、最初にメールをいただいた時点からおよそ二年半。互さんの見通しの正確さに、まずは改めて感じ入るほかない。

よろめきながら、ようやく踏破した翻訳の道ゆきだったが、しかしそれはもちろん、本書を隅々まで精読する（せざるをえない）ことを通じて、さまざまなものを与えてくれた。右記のような本書の「ストーリー」を見直すことになった、という内容的な件については「訳者解説」に書いたので、ここでは別の話をしよう。オースティンの難文は、ただの難文ではなく、いわば「キャラクター」をもった難文だ、という件である。『哲学論文集』などで読めるふつうに書かれた論文もそうだが、とりわけ本書は、講義のために書かれたノートが元という事情もあってか、文章のあちこちから――言いまわし、話の運び、事例の選択、等々を通して――オースティンという人物の息吹がダイレクトに立ち昇ってくる気配がある。それは、彼と接した多くの人びとが回想記のたぐいで伝える人物像と、ほぼ一致する。すなわち、知性、緻密、冷徹、実務的、醒めた目、（ブラック気味の）ユーモア、シニカル、ちょっと意地悪……といった、私たちが一般にイメージする、ある種、類型的かもしれないが、ともあれ「英国風味」にあふれた人物像である。

ただし、念のため、一方で「オースティンはいい人だった」という回想も少なからずある。たとえば、私が会った数少ないオースティンと密に接した人物である、カリフォルニア大学バークレー校のジョン・R・サール教授。数年前に機会があって同校を訪れた際、面談の時間を割いてくれたサール先生に「オースティンはどういう人物だったんでしょう？　いろんなメモワールを読むと、どこかシニカルというか……」と問いかけると、それを遮《さえぎ》るようにして、先生は「いや、彼はいい人だった。私にはとても親切だった」と即座に断言した。また、私が好きな話に、ジョージ・ピッチャー（「訳者解説」を参照）が伝えるエピソードがある。一九五〇年代後半のオースティンは戦前からのローヴァーの旧車に乗っていて、アメリカからの留学生ピッチャーをよく乗せてくれたのだが、ボロ車なので、しょっちゅうエンストを起こして停まってしまう。すると、オースティンは車を降り、何やらゴチャゴチャやるのだが、決まってローヴァーは魔法のように復活したという。ピッチャーがアメリカに帰国する際、オースティンはこのローヴァーで港まで送ってくれたともいう。

　私は学部生のころから、ときに断続的になる時期をはさみつつも、ずっとオースティンという哲学者に魅せられてきた。それは、もちろん第一に、その哲学の内容や哲学する姿勢においてのことなのだが、しかしやはり、しばしばシニカルにしてときにジェントルという、奥行きと陰影に富んだ人物像の魅力が大いにあずかっていることも否定できない。だから、今回の翻訳でまず心がけたいと思ったのは、そういう人物としての息吹を伝えることだった。もちろん、本書のベースになったのは講義にもとづいたノートではなく、あくまで講義のためのノートだから、基本的には書き言葉であることは間違いない。しかし、苦心惨憺しつつ日本語に移していると、オースティンがそこに立って聴衆に語りかけている姿がどうしても浮かんでくる。“we”とあるなら、それは論文などで一人称として使われる「我々」ではなく、オースティンと聴衆を合わせた「私たち」として響くし、“you”は当然「皆さん」という聴衆への語りかけに聞こえる。その他、微細な言いまわしや語り口を含め、訳は全体として、あたかも彼がそこで語っているかのように、という感触を目指した。「私には、とにかくこう聞こえる」的な思い込みが混入している可能性はどこまでも残るが、ともあれ原文のはしばしから漂ってくる臨場感や人物像を、訳文でいくらかでもお伝えできていたら、とてもうれしく思う。

その他、訳文上での方針をざっと挙げるなら、まず訳語の選択は、従来のものを多く踏襲しつつも、適宜新しいものも提案した。提案の原則はただ一つ、できるだけシンプルに、である。たとえば“performative utterance”は本書の先行訳以来「行為遂行的発言」がほぼ定着しているように思われるが、すっかりおなじみの概念になった現在では、よりシンプルな「遂行的発話」がよいのではないか。“verdictives”などの発語内行為のタイプ名も、「判定宣告型」ではなく「判定型」でよいのではないか。これは従来の訳語への批判ではなく、あくまで概念の定着ぶりを考慮しての提案である。また、翻訳では削られることの多い原文での「?.」は、全部生かすことはしないにせよ、ところどころ残した。臨場感や、問いかけとしてのニュアンスに配慮してのことである。丸括弧で原語や原文を入れるのは、重要な概念や例文、英語としての文型などが論題になっている箇所などに限り、必要最小限にとどめた。これには異論があるかもしれないが、私としては、オースティンの議論は特殊英語的に限定されたものではなく、言語一般、コミュニケーション行為全般に相応の汎用性をもつものだと思っている。"I promise that…" が遂行的発話であるのなら、そのまま訳した「私は……ことを約束する」も遂行的発話なのである。訳文だけで話が通じるところは訳文だけで読んでいただく、というのは潔さという点でも好ましいと思う。

最後に謝辞を。二年間にわたる訳業の過程では、たくさんのかたがたにお世話になった。まずは、勤務校の同僚の皆さん。会議や委員会などの場で空き時間になるたびに、原書のコピーを取り出して、「ちょっと、ここなんですけど……」などと言い出す私に、とても親切にいろいろ教えてくださった。記憶にもとづき相談した順に挙げれば、吉田真樹、ジョナサン・ディハーン、マティアス・ファイファー、栗田和典の各先生がた、ありがとうございました。

同窓の先輩である山形大学の清塚邦彦さんには、訳の草稿の大半を読んでいただき、たくさんのアドバイスをいただいた。グライスやデイヴィドソンの精密な翻訳を手がけてこられた清塚さんの指摘は本当に詳しく正確で、数多くの間違いから救われただけでなく、語り口にこだわるあまり当初くだけすぎていた訳文を、ずいぶんと引き締めることもできた。校務等で多忙ななか時間と労力を割いてくださった清塚さんに、心から感謝を捧げたい。

先行訳である『言語と行為』（坂本百大訳、大修館書店、一九七八年）にも、大いに助けられた。見たら引きずられてしまうと思い、当初はまったく参照せずに訳を進めたのだが、やはり最終段階では、解釈に迷う箇所を中心に、しばしば教えを請うことになった。訳者の坂本百大先生に感謝する。

生活をともにする家族、妻の潤子と息子の朔、そして訳に取りかかったころに天寿を全うした飼い猫のトラーにも、感謝である。書斎にこもってひとしきり頭を抱える時間も、家族と生活のあれこれを共有する時間があってこそ成り立つものだ。彼女らとの会話からヒントを得ることも多々あった。本訳を、家族たちに捧げたい。

そして、もちろん、講談社の互盛央さん。本訳はあるいみ、互さんのものである。数々の著作で知られるとおり、言葉というものの存在に深い思いをはせている互さんが、『言語と行為』の新訳を世に送りたいと考え、企画として立ち上げ、そして私を通して現実のものにしたのである。仕事の過程で何度も「私にとっても深い思い入れのある本です」という言葉をうかがった。校正の段階では数々のご指摘をいただき、クオリティーを高めることができたと思う。はたして互さんの思いに見合う出来になっているかどうか、まったく心もとないところではあるけれど、自分にとって最重要なものの一つである著作の翻訳を手がけるという稀有な機会を与えてくれ、実現まで導いてくださった互さん、本当にありがとうございました。

二〇一八年一一月

飯野勝己

マ　行

ヤ　行

ラ　行

ハ　行

タ　行

ナ　行

サ　行

索　引

＊本書が底本とした第一版には、きわめて簡潔な1頁の索引がついているだけである。一方、第二版には8頁にわたる詳細な索引が掲載されている。第一版に準拠するのは不十分だし、個々の発語内動詞（遂行的動詞）まで細かく拾う第二版に準拠するのは詳細に過ぎる。そこで、本書では、両版の索引を参考にしつつ、独自の項目も加え、このくらいが程よいだろうと思われる索引を作成した。なお、本索引がカバーする範囲は本文、原注、「補遺」であり、訳注や「訳者解説」、「訳者あとがき」は含まない。

ア　行

カ　行

KODANSHA

＊本書は、講談社学術文庫のための新訳です。

J・L・オースティン

1911-60年。イギリスの哲学者。後世に多大な影響を与えた「言語行為論」の創始者。

飯野勝己（いいの　かつみ）

1963年生まれ。東北大学大学院文学研究科博士課程後期修了。博士（文学）。現在，静岡県立大学教授。専門は，哲学・言語哲学・コミュニケーション論。著書に『言語行為と発話解釈』など。

講談社学術文庫

定価はカバーに表示してあります。

言語《げんご》と行為《こうい》

いかにして言葉《ことば》でものごとを行《おこな》うか

J・L・オースティン

飯野勝己《いいのかつみ》 訳

2019年1月10日　第1刷発行
2024年8月2日　第7刷発行

発行者　森田浩章
発行所　株式会社講談社
東京都文京区音羽 2-12-21 〒112-8001
電話　編集（03）5395-3512
販売（03）5395-5817
業務（03）5395-3615
装　幀　蟹江征治
印　刷　株式会社新藤慶昌堂
製　本　株式会社国宝社

ISBN978-4-06-514313-1

「講談社学術文庫」の刊行に当たって

これは、学術をポケットに入れることをモットーとして生まれた文庫である。学術は少年の心を養い、成年の心を満たす。その学術がポケットにはいる形で、万人のものになることは、生涯教育をうたう現代の理想である。

こうした考え方は、学術を巨大な城のように見る世間の常識に反するかもしれない。また、一部の人たちからは、学術の権威をおとすものと非難されるかもしれない。しかし、それはいずれも学術の新しい在り方を解しないものといわざるをえない。

学術は、まず魔術への挑戦から始まった。やがて、いわゆる常識をつぎつぎに改めていった。学術の権威は、幾百年、幾千年にわたる、苦しい戦いの成果である。こうしてきずきあげられた城が、一見して近づきがたいものにうつるのは、そのためである。しかし、学術の権威を、その形の上だけで判断してはならない。その生成のあとをかえりみれば、その根は常に人々の生活の中にあった。学術が大きな力たりうるのはそのためであって、生活をはなれた学術は、どこにもない。

開かれた社会といわれる現代にとって、これはまったく自明である。生活と学術との間に、もし距離があるとすれば、何をおいてもこれを埋めねばならない。もしこの距離が形の上の迷信からきているとすれば、その迷信をうち破らねばならぬ。

学術文庫は、内外の迷信を打破し、学術のために新しい天地をひらく意図をもって生まれた。文庫という小さい形と、学術という壮大な城とが、完全に両立するためには、なおいくらかの時を必要とするであろう。しかし、学術をポケットにした社会が、人間の生活にとってより豊かな社会であることは、たしかである。そうした社会の実現のために、文庫の世界に新しいジャンルを加えることができれば幸いである。

一九七六年六月

野間省一

西洋の古典

2700
方法叙説
ルネ・デカルト著／小泉義之訳

われわれは、この新訳を待っていた――デカルトから出発した孤高の研究者が満を持してみずからの原点に再び挑む。『方法序説』という従来の邦題を再検討に付すなど、細部に至るまで行き届いた最良の訳が誕生！ 電P

2701
永遠の平和のために
イマヌエル・カント著／丘沢静也訳

哲学者は、現実離れした理想を語るのではなく、目の前の事実から出発していかに「永遠の平和」を実現できるのかを考え、そのための設計図を描いた――従来の邦訳が与えるイメージを一新した問答無用の決定版新訳。 電P

2702
国民とは何か
エルネスト・ルナン著／長谷川一年訳

「国民の存在は日々の人民投票である」という言葉で知られる古典を、初めての文庫版で新訳する。逆説的にもグローバリズムの中で存在感を増している国民国家の本質とは？　世界の行く末を考える上で必携の書！ 電P

2703
個性という幻想
ハリー・スタック・サリヴァン著／阿部大樹編訳

対人関係が精神疾患を生み出すメカニズムを解明し、いま注目の精神医学の古典。人種差別、徴兵と戦争、プロパガンダ、国際政治などを論じ、社会科学の中に精神医学を位置づける。本邦初訳の論考を中心に新編集。 電P

2704
人間の条件
ハンナ・アレント著／牧野雅彦訳

「労働」「仕事」「行為」の三分類で知られ、その絡み合いの中で「世界からの疎外」がもたらされるさまを描き出した古典。はてしない科学と技術の進歩の中、人間はいかにして「人間」でありうるのか――待望の新訳！ P

2749
宗教哲学講義
G・W・F・ヘーゲル著／山﨑　純訳

ドイツ観念論の代表的哲学者ヘーゲル。彼の講義は人気を博し、後世まで語り継がれた。西洋から東洋までの宗教を体系的に講じた一八二七年の講義に、一八三一年の講義の要約を付す。ヘーゲル最晩年の到達点！ P

西洋の古典

2750
ゴルギアス
プラトン著／三嶋輝夫訳

練達の訳者が初期対話篇の代表作をついに新訳。代表的なソフィストであるゴルギアスとの弁論術をめぐる対話が展開される中で、「正義」とは何か、「徳」とは何かが問われる。その果てに姿を現す理想の政治家像とは？

電 P

2751
ツァラトゥストラはこう言った
フリードリヒ・ニーチェ著／森　一郎訳

ニーチェ畢生の書にして、ドイツ屈指の文学作品である本書は、永遠回帰、力への意志、そして超人思想に至る過程を克明に描き出す唯一無二の物語。「声に出して読める日本語」で第一人者が完成させた渾身の新訳！

電 P

2752・2753
変身物語（上）（下）
オウィディウス著／大西英文訳

ウェルギリウス『アエネイス』と並ぶ古代ローマ黄金時代の頂点をなす不滅の金字塔。あらゆる領域で後世に決定的な影響を与え、今も素材として参照され続けている大著、最良の訳者による待望久しい文庫版新訳！

電 P

2754
音楽教程
ボエティウス著／伊藤友計訳

音楽はいかに多大な影響を人間に与えるのか。音程と旋律、オクターヴ、協和と不協和など、音を数比の問題として捉えて分析・体系化した西洋音楽の理論的基盤。六世紀ローマで誕生した必須古典、ついに本邦初訳！

電 P

2755
知性改善論
バールーフ・デ・スピノザ著／秋保　亘訳

本書をもって、青年は「哲学者」になった。デカルトやベーコンなど先人の思想と格闘し、独自の思想を提示した本書は、主著『エチカ』を予告している。気鋭の研究者が最新の研究成果を盛り込みつつ新訳を完成した。

電 P

2777
天球回転論　付　レティクス『第一解説』
ニコラウス・コペルニクス著／高橋憲一訳

一四〇〇年続いた知を覆した地動説。ガリレオ、ニュートンに至る科学革命はここに始まる――。地動説を初めて世に知らしめた弟子レティクスの『第一解説』の本邦初訳を収録。文字通り世界を動かした書物の核心。

電 P